擺脫貧困與全面小康

李方祥　陳暉濤　主編

目　錄

第一章

擺脫貧困奔小康：跨世紀目標的提出

　　小康是人民的千年期盼，貧困則是通往小康道路上的「攔路虎」，只有擺脫貧困才能真正實現全面小康，小康社會的建設史也正是人民擺脫貧困的奮鬥史。從 20 世紀 80 年代的「小康社會」「三步走」戰略，到十八大提出的全面建成小康社會，我們在小康社會的建設、貧困地區的發展等方面取得重大突破，中國人民實現了從站起來到富起來、強起來的偉大飛躍，我國已打響扶貧攻堅戰，正向全面建成小康社會的宏偉目標衝刺前進。十九大報告再次吹響了決勝全面小康的激越號角，「從現在到二○二○年，是全面建成小康社會決勝期」，表明走向偉大復興的中華民族，在歷史長河的百年激蕩中，又到關鍵節點，決勝全面建成小康社會的歷史大幕已經拉開。回顧、梳理擺脫貧困和建設小康社會的各項舉措，對於當前取得扶貧攻堅戰的勝利、實現百年夢想有著重要的理論價值和現實指導意義。

一、擺脫貧困是全面建成小康社會的關鍵

　　全面建成小康社會是中華民族偉大復興的重要里程碑，是社會和諧、人民生活美滿安定的必然要求；共同富裕是社會主義的本質體現，是黨和人民不懈奮鬥的目標。擺脫貧困，讓全國人民共用小康生活是黨向全國人民做出的莊嚴承諾。改革開放以來，黨中央根據世情、國情以及社會發展和人民生活需要，以打造現代化國家為目標，經過理論探索和實踐檢驗，先後提出了「三步走」戰略（1987 年）、「新三步走」（1995 年）、「全面建設小康社會」（2002 年）、「全面建成小康社會」（2012 年）、「決勝全面建成小康社會」（2017），在黨中央正確領導以及全體人民眾志成城、矢志不渝的努力下，探索出一條適合中國發展、具有中國特色的扶貧道路，尤其是黨的十八大以來，以習近平同志為核心的黨中央始終把擺脫貧困作為全面建成小康社會的底線任務和標誌性指標，全黨全國人民勠力同心，砥礪奮進，「脫貧攻堅戰取得決定性進展，六千多萬貧困人口穩定脫貧，貧困發生率從百分之十點二下降到百分之四以下」，十九大報告總結了過去五年扶貧攻堅成就，表明我們正在決勝全面小康的道路上邁出堅實有力的步伐。

（一）「三步走」戰略的科學規劃

　　20 世紀 70 年代末，鄧小平在出訪美、日等國時看到發達國家工業發展先進，經濟發展迅速，這促使他開始對黨提出的現代化目標進

行更加具體和深入的思考。他在思考像中國這樣一個人口眾多的社會主義國家如何實現現代化時，古為今用地使用了「小康」一詞，根據當時綜合國力、經濟情況以及生產力落後的客觀事實，指出「所謂小康社會就是雖不富裕，但日子好過」。[1]鄧小平深刻感受到有規劃地結合實際制定中長期經濟發展戰略對處於改革開放初期且生產力落後的中國是至關重要的。根據當時的經濟發展水準和可預測的經濟發展品質，他提出中國經濟在 20 世紀末的初級目標就是實現小康，並以此為基礎向發達國家水準邁進。1987 年，鄧小平經過深思熟慮提出了改革開放後第一個現代發展戰略，即著名的「三步走」發展戰略，隨後黨的十三大、十四大都進一步堅持和闡發了這一重要戰略思想。其主要內容是：第一步，從 1981 年到 1990 年，以 1980 年的國民生產總值為基點，實現國民生產總值翻一番，從人均 250 美元上升至 500 美元，解決人民的溫飽問題；第二步，從 1991 年到 20 世紀末，國民生產總值再翻一番，人均國民生產總值達 1000 美元，人民生活達到小康；第三步，到 21 世紀中葉，實現國民生產總值再翻兩番，達到中等發達國家水準，人民生活比較富裕。[2]「三步走」發展戰略為建成富強民主文明的社會主義現代化國家設計了宏偉藍圖，其中小康社會是「三步走」發展戰略的一個關鍵階段。

　　「三步走」戰略描繪了一幅經濟騰飛的宏偉藍圖以及人民幸福安康的願景，將國家的發展與人民的期盼融為一體，為面臨著「如何發展、如何建設」這個迫切問題的當代中國指明了前進的道路和努力的

1　鄧小平：《鄧小平文選》第 3 卷，北京：人民出版社 1994 年版，第 161 頁。
2　鄧小平：《鄧小平文選》第 3 卷，北京：人民出版社 1994 年版，第 212 頁。

方向。「三步走」戰略充分體現了現代國家發展和共同富裕的社會主義本質，並以劃分經濟分期指標的方式生動表達了各個時期經濟發展的預期目標，其實質是合理規劃中國現代化發展的戰略舉措，具體的數字目標可以極大激勵人們投身社會主義事業，並從經濟發展的階段成果中切身體會社會主義制度的優越性，凝聚人心，夯實社會主義建設的群眾基礎，為國家建設提供保障。與此同時，經濟發展具體目標的合理設定也從根本上糾正了我國經濟建設中曾經存在的急於求成的「左」傾錯誤。

　　在黨中央的正確領導下，全國各族人民共同努力為現代化建設貢獻自己的力量，20世紀末經濟增速年均達到10％以上，並於1999年12月如期順利達到「三步走」戰略的第二階段的經濟指標，在以1980年GDP為基點的基礎上計算，我國2000年國內生產總值是1980年的6倍以上，超過原定的「翻兩番」目標，這意味著人民生活總體上達到小康，我國的國際地位有所提升，政治經濟文化等諸多方面實現了突飛猛進的增長。在此基礎上，21世紀之初，我國現代化建設開啟了新的征程，向第三階段目標邁進。對此，鄧小平曾指出：「第三步比前兩步要困難得多……要證明社會主義真正優越於資本主義，要看第三步，現在還吹不起這個牛。我們還需要五六十年的艱苦努力。」[1]作為改革開放的總設計師、「三步走」戰略的制定者，鄧小平多次提出，經濟發展要穩紮穩打，不能急功冒進，要結合實際，穩中求進。

　　為了更好地實現「三步走」戰略的第三階段目標，穩中求進，1995年9月黨中央通過了《中共中央關於制定國民經濟和社會發展

1　鄧小平：《鄧小平文選》第3卷，北京：人民出版社1993年版，第226～227頁。

「九五」計畫和 2010 年遠景目標的建議》，指明「三步走」戰略第三步的前進方向和工作要務，確定了到 2010 年的階段性經濟指標。1997年，江澤民代表黨中央向全國人民莊嚴宣告：「展望下世紀，我們的目標是，第一個十年實現國民生產總值比 2000 年翻一番，使人民的小康生活更加寬裕，形成比較完善的社會主義市場經濟體制；再經過十年的努力，到建黨一百年時，使國民經濟更加發展，各項制度更加完善；到世紀中葉建國一百年時，基本實現現代化，建成富強民主文明的社會主義國家。」[1] 這是在綜合中國經濟發展現狀和人民物質需求水準及現有條件的前提下，秉承一切從實際出發的理念，在「三步走」戰略基礎上提出的對 21 世紀中國發展的新設想，是對「三步走」戰略第三步階段目標的細化，即「新三步走」戰略。「新三步走」戰略是在新的歷史起點上對鄧小平的「三步走」戰略的進一步展開，對於全面繼承和完成鄧小平的現代化「三步走」戰略，全面規劃黨和國家未來 50 年發展的藍圖，有著非常重要的意義。

　　如果說黨的十五大以劃分經濟分期指標的方式再次量化未來 50年經濟發展的目標和要務，那麼黨的十六大提出的到 2020 年實現全面建設小康社會的目標則是「新三步走」戰略的基礎與保障。黨的十六大提出 21 世紀的頭 20 年要「集中力量，全面建設惠及十幾億人口的更高水準的小康社會，使經濟更加發展、民主更加健全、科教更加進步、文化更加繁榮、社會更加和諧、人民生活更加殷實」。[2] 江澤民將

1　江澤民：《江澤民文選》第 2 卷，北京：人民出版社 2006 年版，第 4 頁。

2　江澤民：〈全面建設小康社會，開創中國特色社會主義事業新局面——在中國共產黨第十六次全國代表大會上的報告〉，《人民日報》2002 年 11 月 9 日。

這一時期稱為實現現代化建設的承上啟下的階段，在 21 世紀的頭 10 年裡生產力發展，經濟水準得以提升，綜合國力和生活品質上升一個層次，而在第二個 10 年裡，經濟進一步發展，人民生活富裕，此時的小康是「富強、民主、文明、和諧」，是經濟、政治、社會等諸多方面共同進步繁榮的小康社會，為現代化國家的發展和社會經濟的繁榮奠定堅實基礎。

在「新三步走」戰略指導下，國民經濟穩步提升。2010 年，我國經濟總量大幅攀升，首次成為僅次於美國的經濟體，人均 GDP 4382 美元，人民生活水準明顯提升，物質文化生活也日益豐富，全面建設小康社會取得重大進展。2012 年黨的十八大向全國人民發出號召，吹響了向「兩個一百年」進軍的號角。

「三步走」戰略的提出順應了中華民族文明發展的趨勢，是鄧小平沉著冷靜應對多種挑戰所做出的鄭重選擇。而今處於新常態下的中國經濟發展出現新特點，進入發展新階段，我們要在「三步走」發展戰略和創新、協調、綠色、開放、共用新發展理念的指導下，一棒接著一棒幹，向實現「兩個一百年」的中國夢奮勇前行。

（二）全面建成小康社會目標的提出

歷經 30 多年的改革開放，中國的小康藍圖由遠及近，在小康社會建設不斷取得豐碩成果的基礎上，全面建成小康社會的目標水到渠成，呼之欲出。這是我們黨將馬克思主義應用於國家建設的理論碩果，成為對中國發展道路具有里程碑意義的探索實踐，對全面建成小康社會的準確定位，對於擺脫貧困、實現民族復興意義重大。

1. 從小康社會到全面建設小康社會

小康由古至今一直是普通百姓對安定富足生活的追求與嚮往。「小康」一詞最早出現在我國最古老的詩歌經典《詩經》中，《大雅·民勞》篇曰：「民亦勞止，汔可小康。」儒家經典《禮記》中的《禮運》篇將人民和諧安居的生活稱為小康，同時表達了人民對此種生活的期待：「今大道既隱，天下為家。各親其親，各子其子，貨力為己。大人世及以為禮，城郭溝池以為固，禮義以為紀，以正君臣，以篤父子，以睦兄弟，以和夫婦，以設制度，以立田里，以賢勇知，以功為己……如有不由此者，在勢者去，眾以為殃。是謂『小康』。」20世紀80年代鄧小平創造性地借用了中國民間和傳統文化中廣為流傳的「小康」思想，以「小康社會」作為中國經濟發展的重要目標，為人民描繪了美好生活的藍圖。

20世紀末，在「三步走」戰略指導下，現代化建設取得階段性飛躍，達到了總體小康的水準，然而此時的小康仍是低水準、不全面的小康。之所以稱其為「總體小康」，是因為：一是小康並不全面，主要表現為過於重視物質層面的提升忽視了其他方面的協同進步；二是小康狀態並不穩固，亟須進一步鞏固與提升。此外，人民期望更高水準的生活品質。因此在向達到中等發達國家水準目標前進時，具體明確、可實現的且能夠鼓舞人心、凝聚力量的經濟發展階段目標成為必要。黨的十五屆五中全會提出，自21世紀以來，我國已邁進全面建設小康社會的新階段，這一階段要進一步加強國家現代化和推進中國特色社會主義事業的發展。2002年黨的十六大明確提出了「全面建設小康社會」，從「建立小康社會」到「全面建設小康社會」是黨對我

國現代化建設經驗的深刻總結，是對社會主義發展規律的實踐探索和重要拓展。

全面建設小康社會，顧名思義，是在小康社會的前提下進行全方位建設，是十幾億中國人民在國民經濟穩定運行、社會和諧進步、文化生活欣欣向榮、科教進步日新月異的國家發展大繁榮的社會背景中共用現代化的發展成果，物資生活殷實、精神生活得到極大豐富的更高水準的小康社會。黨的十六大報告在對全面建設小康社會的內涵進行概述後，對其目標做出以下闡述：「全面建設小康社會，開創中國特色社會主義事業新局面，就是要在中國共產黨的堅強領導下，發展社會主義市場經濟、社會主義民主政治和社會主義先進文化，不斷促進社會主義物質文明、政治文明和精神文明的協調，推進中華民族的偉大復興。」[1] 在此基礎上，黨的十七大對全面建設小康社會目標做了更加明確的界定：「增強發展協調性，努力實現經濟又好又快發展。實現人均國內生產總值到 2020 年比 2000 年翻兩番。擴大社會主義民主，加強文化建設，加快發展社會事業，建設生態文明，基本形成節約能源資源和保護生態環境的產業結構。」[2]

全面建設小康社會的目標可以從物質文明、政治文明、精神文明以及生態文明四個層面來解讀。物質文明建設目標——經濟發展和人民生活水準提升，即國家綜合實力提升，量化的經濟指標為 GDP 到

---

1 江澤民：〈全面建設小康社會，開創中國特色社會主義事業新局面——在中國共產黨第十六次全國代表大會上的報告〉，《人民日報》2002 年 11 月 9 日。
2 胡錦濤：〈高舉中國特色社會主義偉大旗幟，為奪取全面建設小康社會新勝利而奮鬥——在中國共產黨第十七次全國代表大會上的報告〉，《人民日報》2007 年 10 月 25 日。

2020 年與 2000 年相比實現兩倍翻升，市場經濟體制更加健全，社會經濟發展越發開放；與此相應的人民的物質生活水準明顯提升，生活富足，城鎮人口比重大幅度提升，城鄉差距縮小，社會公共服務體系健全、勞動力就業充分，社會安定。政治文明建設目標——「社會主義民主更加完善，社會主義法制更加完備，依法治國的基本方略得到全面落實，人民的政治、經濟和文化權益得到切實尊重和保障。基層民主更加健全，社會秩序良好，人民安居樂業」[1]，表明隨著社會的進步，黨和國家越發注重社會民主、人民權益等諸多方面的保障，力圖創造一個社會民主、法制健全的現代化國家。精神文明建設目標——一是全民素質的提升，涉及思想和道德修養、科學知識和文化、身體健康狀況，並形成相應的體系；二是在實現全民素質提升的同時，創建適用於社會發展和滿足人民需求的教育和創新體系；三是給予人民更多接受良好教育的機會，提高社會大眾的文化知識水準，營造學習創新的社會氛圍，挖掘潛力實現多能力發展。生態文明建設目標——增強社會發展的可持續能力，轉變現有資源利用的方式使其效用顯著提升，生態環境逐步修復，人與自然和諧融洽，在保護環境的基礎上，通過高效低能的模式推動生產力提升，社會經濟發展進步，人民富裕安康。

全面建設小康社會對作為發展中國家且處於現代化建設時期、以實現民族復興為目標的中國而言，具有重要的現實與理論意義。從現實層面看，20 世紀末我們已順利度過「三步走」戰略的前兩個階段，

1　江澤民：〈全面建設小康社會，開創中國特色社會主義事業新局面——在中國共產黨第十六次全國代表大會上的報告〉，《人民日報》2002 年 11 月 9 日。

而「第三步」只是粗略的勾勒，沒有詳細制定發展目標。「全面建設小康社會」是基於現有的發展成果和發展實際提出的，為人民描繪了一幅「富強、民主、文明、和諧」的發展藍圖，能有效地凝聚人心，鼓舞鬥志，激勵人們為實現國家富強、民族復興而奮鬥。從理論層面看，全面建設小康社會的提出是馬克思主義中國化的又一理論成果，與「三步走」「新三步走」戰略一脈相承，是中國特色社會主義理論體系與時俱進的碩果結晶和實踐探索。

党的十六大以來，全面建設小康進程取得了歷史性成就，為我國發展積聚了重要力量。「人們公認，這是我國經濟持續發展、民主不斷健全、文化日益繁榮、社會保持穩定的時期，是著力保障和改善民生、人民得到實惠更多的時期。我們能取得這樣的歷史性成就，靠的是黨的基本理論、基本路線、基本綱領、基本經驗的正確指引，靠的是新中國成立以來特別是改革開放以來奠定的深厚基礎，靠的是全黨全國各族人民的團結奮鬥。」[1]

2. 從全面建設小康社會到全面建成小康社會

在黨的十六大、十七大確立的全面建設小康社會目標的基礎上，黨的十八大根據我國經濟社會發展實際，鄭重提出全面建成小康社會的新目標，做出新部署。胡錦濤在黨的十八大報告中強調：「中國共

---

1 胡錦濤：〈堅定不移沿著中國特色社會主義道路前進　為全面建成小康社會而奮鬥——在中國共產黨第十八次全國代表大會上的報告〉，《人民日報》2012 年 11 月 9 日。

產黨第十八次全國代表大會，是在我國進入全面建成小康社會決定性階段召開的一次十分重要的大會。大會的主題是：高舉中國特色社會主義偉大旗幟，以鄧小平理論、『三個代表』重要思想、科學發展觀為指導，解放思想，改革開放，凝聚力量，攻堅克難，堅定不移沿著中國特色社會主義道路前進，為全面建成小康社會而奮鬥。」[1]「建成」與「建設」僅一字之差，但意義深遠，前者是目標願景，後者意味著真正實現，這是黨對 21 世紀以來全面建設小康社會工作推進的認可，是在對世情、國情研判基礎上做出的重大決策，是在經濟總量不斷提升、社會越發安定的基礎上對全國人民做出的莊嚴承諾，彰顯了黨對全面建成小康社會的決心和信心，體現了對黨全心全意為人民服務宗旨的貫徹與踐行。「全面建成小康社會」是我們黨針對發展態勢提出的帶有戰略意義和指導價值的目標，它引導著我國的改革開放和現代化建設事業不斷向前推進，一步步地接近「第一個一百年」奮鬥目標。

全面建成小康社會是十幾億人口共用社會發展成果的物質豐富、文明發展的社會，國家允許一部分人先富起來，但目的在於以先富帶動後富，最終實現共同富裕。全面小康的建成，是各地區共同走向繁榮，並且促進城鄉差距、區域差距、貧富差距等得以逐步消解，推動各地區多方面協調持續發展的過程，是進一步化解由於歷史遺留問題、資源稟賦、政策傾向等背景下形成的經濟不平衡及其附帶產生的其他問題的過程。根據我國經濟社會發展實際和發展趨勢，黨的十八

---

1 胡錦濤：〈堅定不移沿著中國特色社會主義道路前進　為全面建成小康社會而奮鬥——在中國共產黨第十八次全國代表大會上的報告〉，《人民日報》2012 年 11 月 9 日。

大在已取得的發展成果的基礎上對全面建成小康社會提出新的要求和期望。

一是經濟持續健康發展。轉變經濟發展方式取得重大進展，在發展平衡性、協調性、可持續性明顯增強的基礎上，實現國內生產總值和城鄉居民人均收入比 2010 年翻一番。科技進步對經濟增長的貢獻率大幅上升，進入創新型國家行列。工業化基本實現，信息化水準大幅提升，城鎮化品質明顯提高，農業現代化和社會主義新農村建設成效顯著，區域協調發展機制基本形成。對外開放水準進一步提高，國際競爭力明顯增強。二是人民民主不斷擴大。民主制度更加完善，民主形式更加豐富，人民積極性、主動性、創造性進一步發揮。依法治國基本方略全面落實，法治政府基本建成，司法公信力不斷提高，人權得到切實尊重和保障。三是文化軟實力顯著增強。社會主義核心價值體系深入人心，公民文明素質和社會文明程度明顯提高。文化產品更加豐富，公共文化服務體系基本建成，文化產業成為國民經濟支柱性產業，中華文化走出去邁出更大步伐，社會主義文化強國建設基礎更加堅實。四是人民生活水準全面提高。基本公共服務均等化總體實現，全民受教育程度和創新人才培養水準明顯提高，進入人才強國和人力資源強國行列，教育現代化基本實現。就業更加充分。收入分配差距縮小，中等收入群體持續擴大，扶貧對象大幅減少。社會保障全民覆蓋，人人享有基本醫療衛生服務，住房保障體系基本形成，社會和諧穩定。五是資源節約型、環境友好型社會建設取得重大進展。主體功能區佈局基本形成，資源循環利用體系初步建立。單位國內生產總值能源消耗和二氧化碳排放大幅下降，主要污染物排放總量顯著減少。

森林覆蓋率提高，生態系統穩定性增強，人居環境明顯改善。[1]

　　總體來說，小康的內涵與外延不斷豐富，從生存到發展、從物質到精神、從福利到權利，層層遞進、步步深入，全面建成小康社會要求經濟、政治、文化、社會以及生態五位一體的協調互動，是以「以人為本」為價值導向、經濟社會諸多方面協調進步與人的幸福指數共同提高的社會，是不分地域、民族，發展成果惠及全體人民的社會。

　　黨的十八大提出確保到 2020 年全面建成小康社會，這既與十六大、十七大提出的全面建設小康社會目標相銜接，又更加切合我國新的發展實際，更具明確政策導向，更加針對發展難題，更好順應人民意願，展示了中國特色社會主義事業全面發展的美好前景。

　　偉大的事業在承前啟後中推進，偉大的目標在接續奮鬥中實現。黨的十八大以來，面對世情國情的深刻變化，我國牢固樹立新發展理念，適應把握引領經濟發展新常態，經濟社會發展取得新的輝煌成就。「民亦勞止，汔可小康」。小康，這個讓中國人滿懷期待的目標，不倦追求的夢想，歷經千年的期盼，距離我們從未如此之近。黨的十九大報告指出：「從現在到 2020 年，是全面建成小康社會決勝期。要按照十六大、十七大、十八大提出的全面建成小康社會各項要求，緊扣我國社會主要矛盾變化，統籌推進經濟建設、政治建設、文化建設、社會建設、生態文明建設，堅定實施科教興國戰略，人才強國戰略、創新驅動發展戰略、鄉村振興戰略、區域協調發展戰略、可持續發展

1　胡錦濤：〈堅定不移沿著中國特色社會主義道路前進　為全面建成小康社會而奮鬥——在中國共產黨第十八次全國代表大會上的報告〉，《人民日報》2012 年 11 月 9 日。

戰略、軍民融合發展戰略，突出抓重點、補短板、強弱項，特別是要堅決打好防範化解重大風險、精準脫貧、污染防治的攻堅戰，使全面建成小康社會得到人民認可、經得起歷史檢驗。」中國人民為之奮鬥的第一個百年奮鬥目標已到了最後的衝刺階段。13 億中國人正迸發出磅 力量，闊步邁向實現全面建成小康社會的宏偉目標！

3. 全面建成小康社會的定位

第一，全面建成小康社會是實現中國夢的階段性目標。實現中華民族偉大復興是近代以來中華民族最偉大的夢想，到 2020 年全面建成小康社會，實現第一個百年奮鬥目標，是我們黨向人民、向歷史做出的莊嚴承諾。習近平把「兩個一百年」奮鬥目標同中國夢聯繫在一起，把全面小康放在中國夢的大格局中，把全面小康目標昇華成民族復興的重要里程碑。2013 年 6 月，習近平指出：「中國夢的本質是國家富強、民族振興、人民幸福。我們的奮鬥目標是，到 2020 年國內生產總值和城鄉居民人均收入在 2010 年基礎上翻一番，全面建成小康社會。到本世紀中葉，建成富強民主文明和諧的社會主義現代化國家，實現中華民族偉大復興的中國夢。」[1]2014 年 6 月，習近平在中阿合作論壇提及「實現中華民族偉大復興中國夢的關鍵一步」[2]，表明全面建成小康社會是復興之夢的關鍵環節和現實基礎，扮演承上啟下的過渡性

---

1 〈習近平接受拉美三國媒體聯合書面採訪〉，《人民日報》2013 年 6 月 1 日。
2 杜尚澤、焦翔：〈習近平出席中阿合作論壇第六屆部長級會議開幕式並發表重要講話〉，《人民日報》2014 年 6 月 6 日。

角色，對「兩個一百年」而言具有標誌性意義。2017 年 10 月，在黨的十九大報告中指出：「中國特色社會主義進入新時代，意味著近代以來久經磨難的中華民族迎來了從站起來、富起來到強起來的偉大飛躍，迎來了實現中華民族偉大復興的光明前景。」把握歷史新方位，順應時代新特點，十九大報告在對決勝全面建成小康社會做出部署的同時，明確了從 2020 年到本世紀中葉分兩個階段實現全面建成社會主義現代化強國的戰略安排，並清晰勾畫了時間表和路線圖：在 2020 年全面建成小康社會、實現第一個百年奮鬥目標的基礎上，再奮鬥 15 年，在 2035 年基本實現社會主義現代化；從 2035 年到本世紀中葉，在基本實現現代化的基礎上，再奮鬥 15 年，把我國建成富強民主文明和諧美麗的社會主義現代化強國。其中，前一階段是後一階段的基礎，後一個階段是前一階段的躍升，兩者既緊密銜接又環環相扣，既明確任務又指明路徑，描繪出了未來發展的宏偉藍圖，不僅讓全國各族人民有滿滿的成就感和自豪感，而且激發了大家對更美好生活的嚮往和更輝煌前景的期待，對實現中華民族偉大復興中國夢更有信心和底氣。當前，中國已經進入全面建成小康社會決勝階段，並將在十九大之後的 2020 年，迎來實現「兩個一百年」奮鬥目標的關鍵節點 —— 實現第一個百年奮鬥目標、踏上實現第二個百年奮鬥目標的新征程。全面建成小康社會作為實現中國夢的階段性目標有凝聚人心的作用，正如十九大報告所言：「今天，我們比歷史上任何時期都更接近、更有信心和能力實現中華民族偉大復興的目標。」全面建成小康社會與中華民族的偉大復興之夢相互激蕩，成為凝聚華夏兒女眾志成城、努力奮進的精神旗幟。

　　第二，全面建成小康社會是「四個全面」戰略佈局的重要組成部分。

為確保在 21 世紀頭 20 年實現全面建成小康社會的目標，為「兩個一百年」添磚加瓦，以習近平同志為核心的黨中央提出了具有全域性戰略思想的頂層設計——「四個全面」戰略佈局，即全面建成小康社會、全面深化改革、全面推進依法治國、全面從嚴治黨。「這個戰略佈局，既有戰略目標，也有戰略舉措，每一個『全面』都具有重大戰略意義。全面建成小康社會是我們的戰略目標，全面深化改革、全面依法治國、全面從嚴治黨是三大戰略舉措。」[1] 全面建成小康社會置於「四個全面」之首，後者是前者實現的現實路徑，前者則對後者有引領作用。要把一個人口比歐盟、美國、日本加起來還多的大國帶入全面小康，這是人類歷史上從未有過的偉大壯舉，不可能一蹴而就，「四個全面」必須相輔相成，互助發展，全面深化改革，破除利益藩籬，為實現全面小康提供發展動力；全面依法治國，建立規則秩序、推進公平正義，為實現全面小康提供法制保障；全面從嚴治黨，鍛造清正廉潔的堅強領導核心，為實現全面小康提供政治支撐。以全面深化改革破解民族復興進程中的深層次矛盾問題，以全面依法治國確保現代化建設有序進行，以全面從嚴治黨鞏固黨的執政基礎和群眾基礎，才能繪就全面小康的宏圖。

如果說「新三步走」是「三步走」戰略的重中之重，那麼全面建成小康社會就是「新三步走」通向社會主義現代化的核心關鍵，全面小康社會的實現是黨對人民「第一個一百年」承諾的兌現，是「第二

---

1 〈習近平在省部級主要領導幹部學習貫徹十八屆四中全會精神　全面推進依法治國專題研討班開班式上發表重要講話強調領導幹部要做尊法學法守法用法的模範　帶動全黨全國共同全面推進依法治國〉，《人民日報》2015 年 2 月 3 日。

個一百年」目標的基礎，是中國特色社會主義理論體系的發展和中國特色社會主義道路的實踐。黨的十九大報告中首次提出實現第二個百年奮鬥目標的「兩個15年」階段劃分，是對「三步走」戰略目標既一脈相承又與時俱進的深化和推進。從全面建成小康社會到基本實現現代化，再到全面建成社會主義現代化強國，是新時代中國特色社會主義發展的戰略安排，這一科學縝密的戰略謀劃凸顯以習近平同志為核心的黨中央運用戰略思維的高超智慧和卓越能力，展現出黨領導全國各族人民實現「兩個一百年」奮鬥目標和中華民族偉大復興中國夢的強大決心和堅定信心，必將激發起全社會蓬勃向前的不竭動力，讓中華民族以更加昂揚的姿態屹立於世界民族之林。

（三）貧困地區是我國全面建成小康社會的短板

黨的十八屆五中全會提出：「我們必須增強憂患意識、責任意識，著力在優化結構、增強動力、化解矛盾、補齊短板上取得突破性進展。」[1] 在做關於「十三五」規劃的建議說明時，習近平強調：「必須緊緊扭住全面建成小康社會存在的短板，在補齊短板上多用力」；「必須全力做好補齊短板這篇大文章，著力提高發展的協調性和平衡性」。[2]「十三五」時期經濟社會發展的關鍵在於補齊短板，其中必須補好扶貧開發這塊短板。木桶理論告訴我們，只有提升最短木板的實力才能

---

1 〈中共中央關於制定國民經濟和社會發展第十三個五年規劃的建議〉，《人民日報》2015 年 11 月 4 日。
2 習近平：〈關於《中共中央關於制定國民經濟和社會發展第十三個五年規劃的建議》的說明〉，《人民日報》2015 年 11 月 4 日。

實現最優效果，只有補齊短板才能真正實現全面的小康社會，而補短板的前提就是要明確全面建成小康社會的短板是什麼。

　　2012 年習近平在河北省阜平縣探訪貧困群眾時講道：「全面建成小康社會，最艱巨最繁重的任務在農村，特別是在貧困地區。沒有農村的小康，特別是沒有貧困地區的小康，就沒有全面建成小康社會。」¹2015 年在部分省區市扶貧攻堅與「十三五」時期經濟社會發展座談會上，習近平指出，沒有貧困地區的小康，沒有貧困人口的脫貧，就沒有全面建成小康社會。當前，民生領域還有不少短板，脫貧攻堅任務艱巨。習近平在十九大報告中指出，要確保到 2020 年我國現行標準下農村貧困人口實現脫貧，貧困縣全部摘帽，解決區域性整體貧困，做到脫真貧、真脫貧。這是黨中央對脫貧攻堅的最新要求。可見貧困地區對於全面小康社會能否真正建成至關重要，可謂是短板中的短板。

　　1. **貧困地區和貧困人口的脫貧是全面建成小康社會的基礎前提和關鍵部分**。全面小康是全體人民共用社會發展成果，不能遺漏任何一個人，尤其不能忽視收入水準低下、無法維持基本生活的貧困人口。據國務院扶貧辦統計，按照人均純收入 2300 元（2010 年不變價）的標準，2015 年我國的農村貧困人口為 5575 萬，與 20 世紀 70 年代末相比，7.1 億人口成功減貧。² 目前扶貧開發已經進入「啃硬骨頭」階段，仍存在的貧困地區和貧困人口脫貧難度較大。習近平曾說，遺落任何

1　〈習近平到河北阜平看望慰問困難群眾時強調　把群眾安危冷暖時刻放在心上　把黨和政府溫暖送到千家萬戶〉，《人民日報》2012 年 12 月 31 日。
2　張爍：〈打贏脫貧攻堅戰層層簽訂責任狀〉，《人民日報》2016 年 3 月 10 日。

一個地區、民眾的小康都不能聲稱全面小康已經實現，不能國家打著全面小康社會建成的旗子，而人民依舊貧困。到 2020 年，我國現行標準下農村貧困人口全部實現脫貧，貧困縣全部摘帽，區域性整體貧困將徹底解決，是全面建成小康社會在扶貧領域的目標要求。實現全面小康，全部脫貧是最「硬」的指標。

　　2. 貧困地區的特殊環境增加了全面建成小康社會的難度。我國現有貧困主要集中在深度貧困地區，14 個連片貧困地區大多數處於中西部地區，並且多屬於革命老區、民族自治和邊疆區域，這些「老、少、邊、窮」區域由於地理位置偏遠、資源匱乏、物質資本和人力資本積累不足等原因，脫貧致富面臨複雜挑戰。從宏觀上看，由於社會整體收入分配差距擴大，經濟增長的益貧性下降，貧困人口難以分享經濟和市場利益；從中觀上看，貧困人口的總體分散和區域集中要求針對貧困人群的扶貧政策差異度和政策著力點愈加複雜；從微觀上看，貧困農戶自身發展能力提升困難，收入水準低下。多個層面顯示，貧困地區的經濟發展缺少生產資料、勞動力以及消費市場，發展速度緩慢，缺乏後勁，貧困人口增收門路狹窄，這些深度貧困地區成為全面建成小康社會中難啃的「硬骨頭」。正如習近平 2017 年 6 月 23 日在山西太原市主持召開深度貧困地區脫貧攻堅座談會指出的：「脫貧攻堅本來就是一場硬仗，深度貧困地區脫貧攻堅更是這場硬仗中的硬仗，必須給予更加集中的支持，採取更加有效的舉措，開展更加有力的工作。」[1]

---

1 〈習近平在深度貧困地區脫貧攻堅座談會上強調　強化支撐體系加大政策傾斜　聚焦精準發力攻克堅中之堅〉，《人民日報》2017 年 6 月 25 日。

　　3. 貧困地區的民生落後是小康社會全面建成的重要約束因素。民生連著民心，民心關係國運，民生問題是新中國成立以來歷屆黨和國家領導人重點關注的問題，也是全面小康亟須解決的基礎問題。與其他地區相比，貧困地區民生問題的解決可謂難上加難。首先，人均收入偏低。2012 年貧困地區農村人均純收入不足全國的 60%[1]，2015 年上半年雖然增幅高於全國農村平均增幅，但由於其基數較小，仍有大批貧困人口，貧困地區群眾生活改善情況有限。其次，教育、醫療、社保等公共服務體系不夠健全，人民的生活品質有待提高。貧困地區改善民生面臨的困難較大，成為全面建成小康社會中社會目標實現的重要制約。按照中央確定的「到 2020 年穩定實現扶貧對象不愁吃、不愁穿，保障其義務教育、基本醫療和住房」的目標要求，加強貧困地區的民生建設任重道遠。

　　全面建成小康社會，是我們黨對全國人民的莊嚴承諾，而貧困地區是全面建成小康社會的突出短板，貧困地區人口脫貧是全面建成小康社會最艱巨的任務。對此，習近平指出：「各級黨委和政府要把握時間節點，努力補齊短板，科學謀劃好『十三五』時期扶貧開發工作，確保貧困人口到 2020 年如期脫貧。」[2] 立足於「第一個一百年」的現實需求和發展情況，遵循以人為本和實事求是的原則，站在共同富裕的高度，我們將加快貧困地區的發展作為現階段最大的重點和難點。

---

1 〈貧困地區農民人均純收入不及全國六成〉。http：// politics.people.com.cn/n/2013/0913/c1001-22906251.html.2013-09-13.

2 〈習近平在部分省區市黨委主要負責同志座談會上強調　謀劃好「十三五」時期扶貧開發工作　確保農村貧困人口到 2020 年如期脫貧〉《人民日報》2015 年 6 月 20 日。

正如習近平所強調的，「我們的責任，就是要團結帶領全黨全國各族人民，繼續解放思想，堅持改革開放，不斷解放和發展社會生產力，努力解決群眾的生產生活困難，堅定不移走共同富裕的道路」。當前，「扶貧開發到了攻克最後堡壘的階段，所面對的多數是貧中之貧、困中之困，需要以更大的決心、更明確的思路、更精準的舉措抓工作」。[1]入之愈深，其進愈難，要啃「硬骨頭」，需要硬辦法。補齊貧困人口如期脫貧這一短板，我們要有「敢教日月換新天」的昂揚鬥志和堅定信心，跟緊新發展理念的指揮棒，攻堅克難，苦幹實幹，確保不折不扣地實現整體脫貧目標，讓貧困地區人民共用改革發展成果，同步實現全面建成小康社會的目標。

二、習近平心繫扶貧事業

「善為國者，遇民如父母之愛子，兄之愛弟，聞其饑寒為之哀，見其勞苦為之悲」。習近平一直銘記這句表達以民為本的傳統話語，一貫高度重視貧困地區的發展問題。在 2015 減貧與發展高層論壇上他指出：「40 多年來，我先後在中國縣、市、省、中央工作，扶貧始終是我工作的一個重要內容，我花的精力最多。」[2]在 2017 年的新年賀詞中，他又做出了這樣的承諾：「小康路上一個都不能掉隊！」「我最

1〈習近平在東西部扶貧協作座談會上強調　認清形勢聚焦精準深化幫扶確保實效切實做好新形勢下東西部扶貧協作工作〉，《人民日報》2016 年 7 月 22 日。
2 習近平：〈攜手消除貧困促進共同發展——在 2015 減貧與發展高層論壇的主旨演講〉，《人民日報》2015 年 10 月 17 日。

牽掛的還是困難群眾。」從擺脫貧困的「寧德感悟」，到十八大以來多次深入貧困地區視察和調研，體現了習近平一以貫之又一脈相承的「看真貧、扶真貧、真扶貧」理念和實踐，為推進貧困農村加快發展、後發同至，確保到 2020 年實現全面建成小康社會目標注入了新的動力，確立了新的模式。

（一）《擺脫貧困》與福建經驗的總結

《擺脫貧困》初版於 1992 年 7 月，是習近平的第一本個人著作，彙集了他擔任中共寧德地委書記期間（1988 年 9 月—1990 年 5 月）針對寧德貧困地區如何脫貧致富、加快發展這一主題發表的 29 篇系列講話和文章。書中提出的許多重要思想觀點是建立在實地考察、探訪群眾的基礎上，包含著豐富的政治智慧、理論營養和哲學內涵，充分體現了習近平的政治立場、價值追求、使命擔當和思想風範，具有極強的理論價值和實踐價值，為加快福建省乃至全國的扶貧開發工作提供了豐富的借鑒經驗。

1.《擺脫貧困》的豐富內涵

習近平在《擺脫貧困》中深刻回答了推進閩東地區經濟社會發展的重大理論和實踐問題，提出了諸如「緊抓中心」「弱鳥先飛」「滴水穿石」「四下基層」等一系列蘊含著前瞻性、戰略性和可實踐性的思想觀點。一滴水可見太陽的光輝，《擺脫貧困》一書不但全面記錄了習近平在閩東地區扶貧工作的成功經驗，而且其豐富內涵和精神實

質同他今天的治國理政思想是一以貫之又一脈相承的。

　　第一，「緊抓中心」的思想。十一屆三中全會因黨的工作重心向經濟建設轉移的決策而被視為中國經濟發展的轉捩點。《擺脫貧困》一書從開篇到最後一篇再到它的跋，貫穿始終的主旨就是「把經濟建設當作最大的政治」的思想，強調社會主義的優越性只有在生產力的解放中、在國力的快速增長中、在人民生活的極大改善中、在與外部世界日益廣泛的交往中才能得以充分體現。寧德地區 270 餘萬人口中有 77 萬是貧困人口，9 個縣中有 6 個國定貧困縣、52 個省定貧困鄉，是全國 18 個貧困片區之一，也是最早引起中央關注的貧困地區。早在1984 年 6 月，《人民日報》頭版頭條刊發了寧德新聞工作者以福鼎磻溪鎮赤溪村下山溪自然村為例反映閩東貧困狀況的文章，引起高度重視。1988 年 5 月，帶著省委的重托，習近平從經濟發達的廈門特區到寧德擔任地委書記。上任伊始，他就用一個多月的時間跑遍全區各縣深入調研，面對寧德經濟基礎差、底子薄、總量小、人民群眾生活貧困的現實，他決心儘快改變其貧困面貌。在調研中，他發現有些同志以經濟建設為中心的思想不堅定，就批評說：「黨中央從十一屆三中全會開始講要把黨的工作重點轉移到經濟建設上來，說了十年了，可我們許多同志一碰到具體問題便『睫在眼前猶不見』，頃刻主次顛倒。」[1]為了讓幹部群眾意識到經濟建設的重要性，他強調「經濟建設是我們的主旋律，從來沒有不朝思暮想經濟建設而能搞好經濟建設的」[2]，並提倡搞「經濟大合唱」，充分發揮地方黨委和政府的統一領導作用，

---

1 習近平：《擺脫貧困》，福州：福建人民出版社 2014 年版，第 3 頁。
2 習近平：《擺脫貧困》，福州：福建人民出版社 2014 年版，第 3 頁。

注重各部門的協作，注重整體性，妥善處理好影響閩東經濟發展的六大關係。針對不少同志反映鄉鎮非經濟工作牽扯了鄉鎮幹部的大部分精力，他強調必須迅速杜絕這類狀況。在調研中他發現鄉政府牆上掛了不少錦旗，唯一缺少一面經濟方面的錦旗，就毫不客氣地說：「掛了那麼多錦旗，少了經濟建設這一面就不風光。說得客氣些，有苦勞，沒有功勞。幹工作，主次不分，不抓住根本，那就是『瞎忙乎』。」[1]他認為鄉鎮幹部的主要精力、時間只能用在經濟工作實踐上。1990 年5 月習近平調離寧德時，閩東已發生了巨大的變化，全區 94% 的貧困戶基本解決溫飽問題，當年 8 月 12 日的《人民日報》以《寧德越過溫飽線》為題對此進行了報導。在離開寧德時，他不忘鄭重告誡當地幹部「經濟是基礎是中心」，「經濟穩定發展是社會穩定、人心穩定、政治穩定的基礎，我們要牢牢地抓好經濟建設這個中心工作」。[2]此外，他還強調要正確看待閩東經濟的發展，既要看到優勢，也要看到不足，在工作過程中要腳踏實地，克服急躁情緒和短期行為，不能急功近利，要做好打持久戰的準備。

　　第二，「弱鳥先飛」的意識。習近平把貧困地區比喻為羽翼欠豐的「弱鳥」，1988 年 9 月，他在《弱鳥如何先飛 —— 閩東九縣調查隨感》一文中寫道：毫無疑問，在發展商品經濟的廣闊天空裡，目前很貧困的閩東確是一隻「弱鳥」。為了幫助人們樹立「敢為天下先」的意識，他列舉大量事實證明「弱鳥先飛」不僅是可能的，而且是現實的。在對閩東 9 個縣進行深度調研後，他對閩東的發展充滿信心，以辯證

1 習近平：《擺脫貧困》，福州：福建人民出版社 2014 年版，第 10 頁。
2 習近平：《擺脫貧困》，福州：福建人民出版社 2014 年版，第 207 頁。

的思維方式思考閩東這只經濟貧困、交通閉塞、對外交流信息不暢、大農業基礎薄弱的「弱鳥」如何實現先飛。當時的閩東 9 縣 6 貧，以「老、少、邊、島、貧」概括極為貼切。為了改善這種貧困狀況，習近平採取了以下幾種措施：其一，思想扶貧。習近平在調研中發現一些地區的幹部群眾存在嚴重的「思想貧困」，即存在「安貧樂道」「窮自在」「等、靠、要」等不作為、不奮進的落後思想，只有擺脫這些思想的約束，才能為「弱鳥先飛」奠定基礎。他提出，「當務之急，是我們的黨員、我們的幹部、我們的群眾都要來一個思想解放，觀念更新」[1]，只有這樣，大家才能夠跳出老框框看問題，與時俱進，不再因循守舊，故步自封。其二，充分發揮自身優勢。對於貧困地區而言，國家加大撥款力度短期內可以解決一些問題，但從長遠看，貧困地區實現脫貧還是要自力更生。習近平指出，要「把解決原材料、資金短缺的關鍵，放到我們自己身上來」[2]。如電子行業競爭激烈的部分企業運營不穩、難以為繼的情況下，霞浦生產的電子按摩器、男寶器成功打開國內外市場，站穩腳跟。霞浦的成功，表明貧困地區可以依託自身優勢和政策扶持，通過當地人民的努力，在優勢領域實現「先飛」，脫貧致富。其三，因地制宜發展經濟。「弱鳥」要實現「高、遠、快」發展，就必須結合自身特色，探尋一條依託自身優勢發展的路子。結合閩東的實際情況，習近平提出了兩條發展路子：一要發展大農業，「靠山吃山唱山歌，靠海吃海念海經」，穩住糧食，同時大力發展林業、茶業、竹業，沿海地區發展漁業、灘塗養殖，形成多功能、開放式、綜

---

1 習近平：《擺脫貧困》，福州：福建人民出版社 2014 年版，第 2 頁。
2 習近平：《擺脫貧困》，福州：福建人民出版社 2014 年版，第 2 頁。

合性的立體農業。二要發展工業。處理好速度和效益的關係，看準效益千方百計上規模。只有堅持農業和工業共同發展，「弱鳥」的羽翼才能逐漸豐滿，才能實現「先飛」。

　　第三，「滴水穿石」的精神。「滴水穿石」是習近平在寧德工作期間提出和倡導的工作作風和精神品格。1988 年 10 月，在接受《經濟日報》記者採訪時，他指出，中華人民共和國成立以來，閩東發生的變化，是「滴水穿石」般的變化。這是他首次提出「滴水穿石」的理念，這種理念體現了辯證唯物主義原理。「滴水穿石」的自然景觀讓他在插隊落戶時領悟出有關生命和運動的哲理。任何事物的發展和變化都要經歷從量變到質變的過程，當量變積累到臨界點時事物會發生質的飛躍。擺脫貧困這項偉大事業也是從量變到質變的過程。習近平指出，「經濟落後地區的發展，總要受歷史條件、自然環境、地理因素等諸方面的制約，沒有什麼捷徑可走，不可能一夜之間就發生巨變，只能是漸進的，由量變到質變的，滴水穿石般的變化」[1]，故此在擺脫貧困的過程中不能只熱衷於做質變的突破工作，要更加注重量變的積累工作。在《滴水穿石的啟示》一文中，他對「滴水穿石」的精神內涵做出詳細的闡釋：「我們需要的是立足於實際又胸懷長遠目標的實幹，而不需要不甘寂寞、好高騖遠的空想；我們需要的是一步一個腳印的實幹精神，而不需要新官上任只燒三把火希圖僥倖成功的投機心理；我們需要的是鍥而不捨的韌勁，而不需要『三天打魚，兩天曬網』的散漫。」「我推崇滴水穿石的景觀，實在是推崇一種前仆後繼，甘於

---

1 習近平：《擺脫貧困》，福州：福建人民出版社 2014 年版，第 58 頁。

為總體成功犧牲的完美人格；推崇一種胸有宏圖、扎扎實實、持之以恆、至死不渝的精神。」[1] 我們應該清醒地認識到任何事業的成功，都要有「水滴」般的韌勁、永不言棄的毅力。習近平以及閩東人民正是懷著這種「滴水穿石」般的精神，努力發展地區經濟，逐步改變貧困落後面貌。此後，習近平在不同的場合多次強調要用「滴水穿石」的精神來指導和處理各項工作。

　　第四，「四下基層」的機制。「四下基層」是指領導幹部信訪接待下基層、現場辦公下基層、調查研究下基層、宣傳黨的方針政策下基層，是習近平 1988 年為轉變寧德地區政府工作方式、落實群眾需求、解民之所難，深入群眾而提出的，是對群眾路線的全新探索與實踐。他在《幹部的基本功——密切連絡人民群眾》一文中指出：「貧困地區的發展靠什麼？千條萬條，最根本的只有兩條：一是黨的領導；二是人民群眾的力量。」[2]「四下基層」制度不僅實現了兩者的結合，而且為黨員幹部踐行群眾路線提供了制度保障。一是信訪接待下基層。1988 年 12 月 20 日，寧德首次地、縣領導接待群眾來訪日活動在霞浦舉辦，習近平身體力行，同群眾面對面交流，受理各種群眾問題 86 件，並要求約訪制度和下基層開展信訪接待日活動的制度要堅持下去。隨後閩東地區相繼建立了地、縣、鄉三級固定的信訪接待日和信訪下基層制度。二是現場辦公下基層。1989 年 7 月 19 日，習近平同政府相關部門負責人一起到省定貧困鄉壽寧縣下黨鄉辦公，切實瞭解群眾困難，解決問題。由於鄉政府沒有辦公場所，就在鸞峰廊橋上現場辦公，

---

1 習近平：《擺脫貧困》，福州：福建人民出版社 2014 年版，第 58 ～ 59 頁。
2 習近平：《擺脫貧困》，福州：福建人民出版社 2014 年版，第 13 頁。

下黨鄉成了「現場辦公下基層」的起點。隨後現場辦公下基層制度也被建立起來。三是調查研究下基層。習近平在寧德地區多次組織大規模的農村情況調查,並撰寫調查報告,《弱鳥如何先飛——閩東九縣調查隨感》就是在調查後撰寫出來的。四是宣傳黨的方針政策下基層。1989 年 10 月,習近平到福安調研,在范坑老區特困鄉和群眾面對面談心,宣講黨的農村政策、扶貧政策,積極做好群眾的思想政治教育工作,讓群眾對黨、對國家充滿信心。而今,由習近平倡導的「四下基層」早已在福建省生根發芽,枝繁葉茂。2013 年福建人民出版社出版的《四下基層與群眾路線》一書詳細介紹了「四下基層」的具體內容和具體史實,「四下基層」對領導幹部踐行群眾路線有著普遍而長遠的指導意義。「四下基層」把黨的群眾路線具體化到領導幹部的現實工作當中,是深入基層優化政府服務職能的一種最直接的辦法,能夠促進領導幹部工作作風的轉變,增強其責任感和使命感。「治政之要在於安民,安民之道在於察其疾苦。」領導幹部要權為民用、為民謀利,要四下基層、深入群眾,才能夠夯實群眾基礎,獲取最為廣泛的支持,才能發揮黨最大的政治優勢,凝聚社會力量,共同打贏脫貧攻堅戰。

2.《擺脫貧困》的重要意義

《擺脫貧困》一書是習近平主政寧德期間留下的一筆寶貴精神財富,是引領閩東發展騰飛的大智慧。書中所蘊含的實踐探索和理論創新,彰顯了理論邏輯、實踐邏輯以及歷史邏輯的高度統一,是運用馬克思主義世界觀方法論分析和解決實際問題的典範,經過 20 多年的光陰洗禮,今天讀來,更加熠熠生輝,歷久彌新。在全面建成小康社會

進入決勝階段，在脫貧攻堅的關鍵時期，踐行書中體現的重要觀點和思想方略，對於我們培養務實作風、堅定為民情懷、提升思想境界、創新方式方法具有極強的理論指導價值和實踐應用價值。

（1）《擺脫貧困》的理論價值

第一，體現了解放思想理論品格，強調一切從實際出發。《擺脫貧困》一書中的觀點和思想是以馬克思主義為指導的，與新中國成立以來尤其是改革開放以來的扶貧理論一脈相承、相互貫通。解放思想，實事求是，一切從實際出發，是馬克思主義的基本原理，也是黨一貫堅持的思想路線。習近平在《擺脫貧困》一書的跋中寫道：全書的題目叫作「擺脫貧困」，其意義首先在於擺脫意識和思路的「貧困」，只有首先「擺脫」了我們頭腦中的「貧困」，才能使我們所主管的區域「擺脫貧困」，才能使我們整個國家和民族「擺脫貧困」，走上繁榮富裕之路。[1]這裡的意識和思路的「貧困」就是「假大空」，就是教條主義，官僚主義，目光短淺，自以為是，不敢想，不敢闖，畏縮不前，不敢行動。習近平強調：「我是崇尚行動的。實踐高於認識的地方正是在於它是行動。從這個意義上說，我們不擔心說錯什麼，只是擔心『意識貧困』，沒有更加大膽的改革開放的新意；也不擔心做錯什麼，只是擔心『思路貧困』，沒有更有力的改革開放的舉措。」[2]他提出「擺脫頭腦中的貧困」，其意義就在於進一步思想解放，堅持改革開放，迎接新的歷史機遇和挑戰。堅持一切從實際出發是辦事的基

---

1 習近平：《擺脫貧困》，福州：福建人民出版社 2014 年版，第 216 頁。
2 習近平：《擺脫貧困》，福州：福建人民出版社 2014 年版，第 216 頁。

本前提。習近平在帶領閩東地區脫貧致富的道路上不斷探索和實踐，因地制宜。他強調，閩東地區經濟落後，要脫貧致富，不能照抄照搬特區、開放城市的做法，要結合自身的實際，探索出一條與之相適應的路子，制定與實際相符合的政策措施。一是經濟發展要從實際出發。針對部分幹部群眾希望能上一些大專案，如修鐵路、建大港口、辦開發區從根本上改變落後面貌的問題，他指出，寄希望於上重大專案，一下子抱個金娃娃，想法不切實際。正確的路子是：從本地實際出發，充分利用好現有的條件，扎扎實實抓好農業和其他基礎建設，實現逐步發展。二是產業結構調整要從實際出發。要立足「大農業」的區情；要依區情區力，量力而行；要因地制宜，發揮區域優勢；要根據自力更生的方針，工業的發展要與自我平衡能力相適應；要立足區域優勢，科學地選擇主導產業。三是對外開放要從實際出發。他說，由於時間、地點、生產要素組合不一樣，開放模式也是多種多樣的，不可能照搬特區、開放城市的做法。要根據自己的實際情況，摸索出一條與之相適應的路子。第四，文化建設要從實際出發。對此，他提出了符合閩東實際的建設性意見，一是為群眾所喜聞樂見，能表現思想性，不能為了形式而形式，流於形式；二是要有群眾性，脫離了群眾的形式，不利於調動大家的積極性；三是要少花錢，多辦事，多講經濟效益，銅錢扔到水裡也要有幾個響聲；四是要合乎大家的口味，不搞曲高和寡。[1]

　　第二，豐富了馬克思主義群眾觀，凸顯了人民的主體地位。人民群

---

1 趙振華：〈感悟《擺脫貧困》〉，《學習時報》2016 年 5 月 19 日。

眾是歷史的創造者，是物質財富和精神財富的創造主體，更是社會主義國家發展的根本動力和賴以存在的基礎力量。習近平在《幹部的基本功——密切連絡人民群眾》一文中強調：「黨的領導是通過具體的路線、方針、政策來體現的，而我們的幹部是黨的路線、方針、政策的具體執行者，幹部只有到人民群眾中去，並且同人民群眾保持血肉相聯的關係，才能使黨的方針、政策得到更好的貫徹。」[1]在《同心同德興民興邦——給寧德地直機關領導幹部的臨別贈言》一文中指出：「人民群眾是我們黨的力量源泉，群眾路線是我們黨的根本工作路線。因此，我們沒有任何理由脫離群眾，只有相信群眾、依靠群眾、關心群眾的生活，我們的工作才能得到群眾的理解和支持，我們的事業才能立於不敗之地。」[2]這些講話充分表明習近平始終堅持群眾路線，真正與民同苦、與民同憂的為民情懷。「勾踐棲山中，國人能致死。」習近平在黨的十八屆二中全會第二次全體會議上的講話中引用顧炎武的這一名句，旨在勉勵黨員幹部：只要真心實意為群眾辦事，就會得到群眾真心實意地擁護，群眾就會自覺自願地和黨員幹部同心同德、共渡難關，共同為社會主義現代化建設出力。

（2）《擺脫貧困》的現實意義

第一，有助於堅持以經濟建設為中心，把全面深化改革的各項部署和措施切實落到實處，為決勝全面小康實現中國夢提供物質基礎。在《擺脫貧困》一書的跋中，習近平寫道，要實現中國的繁榮昌盛，

---

1 習近平：《擺脫貧困》，福州：福建人民出版社 2014 年版，第 13 ~ 14 頁。
2 習近平：《擺脫貧困》，福州：福建人民出版社 2014 年版，第 208 ~ 209 頁。

盡短時間使整個國家「脫貧」，盡短時間使中國立於發達國家之林，唯有全民把經濟建設當作最大的政治。在《提倡「經濟大合唱」》一文中指出，一個地方的工作，也有主旋律，這就是社會主義經濟建設。經濟建設要有一個主旋律，要搞「經濟大合唱」，得有總指揮，要講協調、配合。在《弱鳥如何先飛——閩東九縣調查隨感》和《同心同德興民興邦——給寧德地直機關領導幹部的臨別贈言》兩篇文章中都強調經濟建設是基礎是中心。社會的發展規律是不以人的意志為轉移的，選擇什麼樣的發展戰略是由實踐決定的。圍繞經濟建設這個中心，習近平走遍了閩東九縣和毗鄰的溫州等地，在深入基層調查研究的基礎上，提出要繼續做好農業這篇大文章，但不能困守在小農經濟上，而是要促成向現代大農業的轉變，並加強科技興農工作，加強對農村富餘勞動力轉移的積極引導；要以工業為動力，但不能貪大圖全，而要突出經濟效益，突出自身特點；還要做好脫貧工作，注意增強鄉村兩級集體經濟實力。改革開放以來已取得的階段性建設成果表明堅持以經濟建設為中心符合我國的現實國情，符合歷史發展規律。當前，我們的改革到了一個新的歷史關頭，習近平強調：經濟建設仍然是全黨的中心工作。全面建成小康社會，實現社會主義現代化，實現中華民族偉大復興，最根本最緊迫的任務還是進一步解放和發展社會生產力。在全面深化改革中，我們要堅持以經濟體制改革為主軸，努力在重要領域和關鍵環節改革上取得新突破，以此牽引和帶動其他領域改革，使各方面改革協同推進、形成合力，而不是各自為政、分散用力。

第二，有助於加強精神文明建設，應對意識形態工作的各種挑戰，為決勝全面小康實現中國夢提供精神動力。在帶領寧德人民擺脫

貧困的實踐探索中，習近平始終把經濟工作放在中心位置，同時，又高度重視社會主義精神文明建設。在《建設好貧困地區的精神文明》一文中指出：「真正的社會主義不能僅僅理解為生產力的高度發展，還必須有高度發展的精神文明——一方面要讓人民過上比較富足的生活，另一方面要提高人民的思想道德水準和科學文化水準，這才是真正意義上的脫貧致富。」「物質文明建設和精神文明建設是貧困地區脫貧致富過程的兩個方面。兩者相互關聯，相互協調，相互促進。那種『一手硬，一手軟』的傾向，那種認為物質文明建設是『硬勞動』，精神文明建設是『軟勞動』，重硬輕軟的做法，那種認為商品生產發展了，脫貧問題就自然而然地解決了的想法，都是違反辯證法的。我們脫貧致富的指導思想很明確：一方面把發展商品生產，建設社會主義經濟作為根本任務和中心工作來抓，另一方面把蕩滌舊社會遺留下來的污泥濁水，淨化社會風氣，提高人們的思想道德水準和科學文化素質作為一項戰略目標予以重視。」[1]這充分彰顯了習近平對精神文明建設的高度重視。以馬克思主義為指導的社會主義精神文明是社會主義社會的重要特徵，是關係社會主義興衰成敗的大事。黨的十八大以來，面對各種社會思潮的衝擊和影響，意識形態工作面臨各種挑戰，習近平強調指出：我們在集中精力進行經濟建設的同時，一刻也不能放鬆和削弱意識形態工作。在這方面，我們有過深刻教訓。一個政權的瓦解往往是從思想領域開始的，政治動盪、政權更迭可能在一夜之間發生，但思想演化是個長期過程。思想防線被攻破了，其他防線就

---

1 習近平：《擺脫貧困》，福州：福建人民出版社 2014 年版，第 149～150 頁。

很難守住。我們必須把意識形態工作的領導權、管理權、話語權牢牢掌握在手中，任何時候都不能旁落，否則就要犯無可挽回的歷史性錯誤。[1] 在全面深化改革的今天，面對各種社會思潮的衝擊和影響，我們在集中精力進行經濟建設的同時，切不可忽視精神文明建設，要堅持「兩手抓，兩手都要硬」，為全面建成小康社會、實現中華民族偉大復興中國夢提供思想保證、精神動力和智力支援。

　　第三，有助於改進黨的作風建設，從嚴治黨，為決勝全面小康實現中國夢奠定群眾基礎。古語有言：「得民心者得天下。」中國共產黨執政至今已達 60 多年，依靠全心全意為人民服務的宗旨、廉潔奉公的工作作風獲得了扎實的群眾基礎。習近平在《廉政建設是共產黨人的歷史使命》一文中詳細闡述了應如何改進黨的工作作風，如何更好地履行共產黨人的歷史使命。他講道：「從總體上看，我們的黨是能夠經受住執政和改革開放的雙重考驗的，大多數黨員講奉獻，立黨為公；但是黨內一小部分人的腐敗問題確實已經到了難以容忍，不懲治不足以平民憤的地步。」[2] 他聯繫閩東窮地區、窮家底、脫貧致富步履維艱的實際，強調黨員幹部要廉潔從政，團結和帶領群眾。他指出，共產黨人要承擔起廉政建設的歷史使命，必須過好「兩關」。一是自我關。「自身不正，何以正人？」要自覺接受教育，提高自我約束力。二是人情關。「反腐敗必然要涉及到具體的人，如果涉及到自己的好友、同學、親戚，是剛正不阿、鐵面無私，還是手下留情，大事化小，

---

1 本刊評論員：〈一刻也不能放鬆和削弱意識形態工作——認真學習貫徹全國宣傳思想工作會議精神〉，《求是》2013 年第 17 期，第 9 ~ 10 頁。
2 習近平：《擺脫貧困》，福州：福建人民出版社 2014 年版，第 26 頁。

小事化了？──如果是這樣，我們在一個人身上喪失原則，我們就會在千百萬人心上失去信任！」[1] 要從根本上剷除腐敗現象賴以生存的溫床，即濫用私權。他指出，共產黨人的權力是人民給的，我們在使用權力的時候就要讓人民放心。要實行「兩公開一監督」的制度，自覺接受人民群眾的監督。新形勢下，我們黨仍面臨著許多嚴峻挑戰，黨內仍存在著許多亟待解決的問題。黨的十八大以來，中央下大力氣以作風建設作為從嚴治黨的切入點，把遏止「四風」作為治理黨內腐敗現象的重要抓手，作風建設得到了加強。但作風建設不會一勞永逸，也不可能一蹴而就，而是一項永遠在路上的重要任務，必須努力實現作風建設的制度化、規範化、常態化，正如習近平在慶祝中國共產黨成立 95 周年大會上指出的，黨的作風是黨的形象，是觀察黨群幹群關係、人心向背的晴雨錶。黨的作風正，人民的心氣順，黨和人民就能同甘共苦。實踐證明，只要真管真嚴、敢管敢嚴，黨風建設就沒有什麼解決不了的問題。作風建設永遠在路上。「己不正，焉能正人。」我們要從中央政治局常委會、中央政治局、中央委員會抓起，從高級幹部抓起，持之以恆加強作風建設，堅持和發揚黨的優良傳統和作風，堅持抓常、抓細、抓長，使黨的作風全面好起來，確保黨始終同人民同呼吸、共命運、心連心。[2]

1　習近平：《擺脫貧困》，福州：福建人民出版社 2014 年版，第 28 頁。
2　習近平：〈在慶祝中國共產黨成立 95 周年大會上的講話〉，《人民日報》2016 年 7 月 2 日。

（二）扶貧開發的福建經驗

　　八閩大地，八山一水一分田。福建省坐擁「臺、僑、特、海」四大優勢，改革開放以來經濟社會發展突飛猛進，但同時老區多、山區多，縣域發展不平衡，全省 23 個扶貧開發重點縣，都是革命老區或中央蘇區縣，由於自然稟賦、發展基礎等因素制約，發展水準仍然較低。作為全國較早實施扶貧開發的省份，習近平在閩工作期間，就在全國率先開展了山海協作聯動發展、造福工程扶貧搬遷和選派黨員幹部駐村任職等行之有效的扶貧開發工作。一直以來，福建省委、省政府高度重視扶貧開發工作，按照習近平提出的「以改革創新引領扶貧方向、以開放意識推動扶貧工作」原則，發揚「弱鳥先飛，滴水穿石，久久為功」精神，持之以恆地推進扶貧開發工作。特別是黨的十八大以來，福建省不斷創新扶貧開發工作機制，全面實施精準扶貧精準脫貧戰略，扶貧開發工作成效顯著：2012 ～ 2016 年五年間，農村貧困人口明顯減少，由 130.5 萬降至 20.44 萬人；扶貧對象收入顯著提高，農村居民人均可支配收入由 8779 元升至 14999 元；造福工程累計搬遷 157 萬人，7000 多個自然村整體搬遷；全省 23 個省級扶貧開發工作重點縣實現縣縣通高速、鎮鎮通幹線，建檔立卡貧困村全部實現道路硬化、全部通寬帶、通廣播電視，所有鄉鎮和有條件的行政村通了客班車，農村安全飲用水問題基本解決，為全面建成小康社會奠定了堅實基礎。[1] 全省上下一心，凝聚起扶貧攻堅的強大合力，拉長短板乘勢發展，譜寫扶貧開發的福建經驗。

---

1 林永龍、程枝文：〈脫貧路上的鏗鏘足音〉，《福建日報》2017 年 5 月 18 日。

1.「輸血」與「造血」相結合

　　貧困地區最迫切的就是謀發展，發展需要啟動內生動力，扶貧開發應堅持「輸血」與「造血」相結合，「輸血」濟困，「造血」發展。因此，既注重「輸血」，也特別強調增強「造血」功能，強化貧困人口的自我發展能力成為福建農村扶貧工作的一項重要任務。20多年前的壽寧縣下黨鄉是寧德有名的無公路、無自來水、無電燈照明、無財政收入、無政府辦公場所的「五無鄉鎮」，所在地通往四處毗鄰鄉鎮都得翻山越嶺步行10多公里，買賣東西只能靠肩挑背馱。為了改善下黨鄉的這種貧困狀態，習近平曾經三次徒步走進下黨鄉調研。1991年，全鄉上下鐵心辦交通，四方奔走籌資金，開通了總長12.5公里的進鄉公路，其中3公里為柏油路。2005年，在省下派駐村幹部的帶領下，籌集投入資金260多萬元，對道路進行拓寬和硬化，從此告別「泥灰抹面」的日子。下黨鄉的人民始終牢記當年習近平提出的發展思路，立足鄉情、腳踏實地抓發展，因地制宜、揚長避短，走出一條水電強鄉、農業富民、生態立鄉的發展之路。歷屆鄉黨委、政府精準發力，通過引進新品種、建設示範基地、組建農民專業合作社等，種植發展茶園面積5700多畝、臍橙3000多畝、錐栗2000多畝、毛竹6000多畝，並充分利用互聯網，將貧困村的產業與大眾扶貧和消費需求有效對接，整合資源、打造品牌，使村民收入普遍翻倍，實現了富民強鄉的夢想。[1] 這個曾是閩東四個特困鄉之一的鄉鎮，如今舊貌換新顏，那些曾因窮困背井離鄉討生活的人紛紛回鄉謀求新生活、新發展。壽寧

---

1 本報採訪組：〈群眾的讚許最甘甜〉，《福建日報》2014年5月12日。

縣下黨鄉發生如此驚天動地的變化，離不開政府的扶持、政策的傾斜等「輸血式」扶貧，但更大程度上還是村民們激發出「造血式」的內生動力，充分發揮自身優勢，多想致富辦法，發展特色產業，立志用自己的雙手改變家鄉面貌。「輸血式」扶貧只能解一時之需，「造血式」扶貧才能解一世之憂，只有「輸血」與「造血」結合，變被動救濟為主動脫貧，才能走出脫貧致富的新路子。

2. 扶貧與扶智相結合

　　「治貧先治愚，致富先扶智」，只有從根本上擺脫思想貧困，提高綜合素養，培育自我發展和提升的能力，才能實現真正的脫貧致富。不少貧困地區的農民群眾及一些農村基層幹部的眼界、見識、辦法和發展思路有很大局限性，因此有計劃地充實領導骨幹和人才力量，引導和說明貧困地區幹群共同找出適合當地發展的具體路子，已成為一種迫切的現實需要。派駐村幹部是當前一項切合實際的措施，通過紮下人才這「一根針」，帶動上下各部門整合資源，形成服務「三農」的「千條線」，將城鄉各種資源統籌起來，增強貧困地區發展的合力。近 5 年來，福建省從省、市、縣三級累計選派近萬名優秀年輕幹部到貧困村和村級組織薄弱村擔任黨組織第一書記，每期 3 年，實施「部門掛鉤、資金捆綁、幹部駐村」工作機制，對建檔立卡貧困村全覆蓋，各級掛鉤部門共落實幫扶資金超百億元，扶持貧困村項目 5 萬多個，激發貧困地區人民對脫貧致富的信心，調動勞動促發展的積極性。扶貧先扶智，扶智在教育。教育是最具普惠性的扶貧開發，福建省通過開展教育扶貧，為貧困地區經濟的發展提供後續動力，增加新鮮血液。

2014 年和 2015 年每年招募派遣 250 名左右「三支一扶」高校畢業生統籌安排到 23 個省級扶貧開發工作重點縣從事支教、支農、支醫和扶貧服務等，2015 年省教育廳為緩解農村師資力量薄弱、骨幹教師不足等矛盾，在全省公開招募 150 名左右優秀退休教師赴 23 個重點縣城關以外的中小學、幼兒園支教。[1] 同時，福建省還加大財政性教育經費投入力度，改善貧困地區辦學條件，力爭不讓一所學校掉隊，不讓一個孩子因貧失學，通過教育阻斷貧困的代際傳遞。

3. 百姓富與生態美相結合

青山綠水是福建天然的珍貴資源，良好的生態環境是福建最優的競爭力。在發展進程中，如何既推進工業化進程又維護好難得的珍貴生態資源，是歷屆福建省委、省政府無法回避的重大問題。中共福建省委書記尤權指出：「不能以犧牲環境為代價發展，這樣的發展不可持續，一定要把發展與改善民生結合起來，應當是百姓富與生態美的有機結合。」[2] 福建省的 23 個省級扶貧開發工作重點縣多數在山區，由於歷史和客觀自然條件原因，發展相對滯後卻擁有特色生態方面的優勢。福建省清醒地認識到，加快發展是緊迫任務，但不能心浮氣躁、急於求成，走毀生態、拼資源、攤大餅的老路，各地發展要繼續保持福建在生態、環保領域的獨特優勢。1994 年福建省寧德市率先實施的

---

1 鄭璜：〈精準扶貧的福建實踐〉，《福建日報》2015 年 12 月 7 日。
2 朱海黎、巫奕龍、涂洪長：〈福建打造「百姓富生態美」的科學發展格局〉，《新華每日電訊》2013 年 8 月 7 日。

「造福工程」完美體現了百姓富和生態美的結合。作為中國扶貧事業的起源地，被國務院扶貧開發領導小組命名為「中國扶貧第一村」的福鼎磻溪鎮赤溪村的改變改寫了扶貧開發的歷史，完美實踐著百姓富和生態美的統一。三十多年前的赤溪村下山溪自然村自然條件過於惡劣，十年救助式扶貧成效甚微。1994 年寧德政府決定實施全村搬遷的「造福工程」，該村 22 戶 88 位人均收入還不足 200 元的佘漢群眾從此告別了山旮旯裡的茅草房，搬到建制村所在地赤溪村，住進了新蓋的樓房，打造出一個全新的赤溪村。「造福工程」在經濟扶貧的同時，還壯大了生態經濟，村民們的收入來源一部分是靠發展生態旅遊業。到 2014 年，人均收入已達到近 12000 元，村財政收入從原來的負債 10 多萬元變為收入 25 萬元；2016 年，人均可支配收入更是達到 15696 元，同比增長 15%，村集體收入從 2015 年的 32 萬元增長到 50 萬元。赤溪村不僅變富，而且變美，走出了一條謀求百姓富和生態美統一的美麗鄉村的獨特發展之路。福建省級貧困縣之一的建甯縣是福建母親河閩江正源頭所在地，也是水土流失敏感地區，生態環境的品質直接影響到閩江中下游地區，為此當地實行了最嚴格的生態保護，「砍一棵樹都要審批」，2006 年 2 月，閩江源經國務院批准為國家級自然保護區。[1]

　　正是在省委、省政府正確發展思路的引領下，福建的扶貧開發工作切實做到了經濟效益、社會效益、生態效益同步提升，百姓富、生態美有機統一，23 個省級扶貧開發工作重點縣將資源轉化為生產力，擺脫了「富饒的貧困」，真正使貧困地區群眾不斷得到真實惠。2014

---

1 朱海黎、梅永存、涂洪長：〈「弱鳥」先飛強短板〉，《新華每日電訊》2013 年 9月 4 日。

年 3 月 10 日，《國務院關於支持福建省深入實施生態省戰略加快生態文明先行示範區建設的若干意見》頒佈，福建成為全國第一個生態文明先行示範區，這既是對福建生態文明建設成就的充分肯定，也是對福建生態文明建設提出新目標和新要求。2016 年 3 月，福建省出臺「十三五」生態省建設專項規劃，提出到 2020 年要實現的主要目標，努力打造天更藍、山更綠、水更清、環境更好的美麗福建。

4. 自力更生與借助外力相結合

內因是事物發展的根本原因，外因是事物發展、變化的條件，貧困地區脫貧攻堅，需要借助外力謀發展，自力更生齊奮鬥。擺脫貧困離不開國家和政府在政策上予以扶持，也離不開社會各界伸出援助之手，但更多是要靠貧困群眾自力更生，改善基本生產生活條件，真正達到脫貧致富的目標。福建省把扶貧開發作為一項戰略任務，2014 年各級各有關部門和社會各界投入扶貧開發重點村的幫扶資金達 13.97 億元，用於 9063 個項目建設。同時，福建省不斷探索完善企業結對幫扶做法，在省級重點村中安排 53 家央屬、省屬企業結對幫扶其中的 74 個特困村，每家企業每年幫扶資金不少於 20 萬元，取得了良好成效。此外，福建省不斷加大山海協作力度，強化資金、人才、專案等方面對口幫扶，重點推動 23 個省級扶貧開發工作重點縣和對口幫扶縣共建產業園區，目前已建成 17 個產業共建園區。在政府的主導和社會的扶持下，貧困地區堅持尊重貧困群眾在扶貧開發中的主體地位，因地制宜，突出專案帶動，著力增強貧困地區內在動力和發展活力。2014 年，23 個重點縣生產總值增長 10.5%，高於全省平均水準 0.6%，地方公

共財政收入增長 13.8%，高於全省平均水準 2.3%，農村居民人均可
支配收入增長 11.3%，高於全省平均水準 0.4%。三明市建寧縣均口
鎮焦坑村是三明市扶貧開發協會第一個定點掛鉤幫扶的村。根據當地
特殊的地理和土壤條件，該村自 2013 年起開始試種紫薯並取得喜人成
效，現已帶動貧困戶種植紫薯 400 多畝。同時，通過開展紫薯種植培
訓班，使紫薯的產量從最初的 2800 斤／畝提高到現在的 3600 斤／畝、
產值 3000 元／畝，成為全縣有名的紫薯種植示範基地，到 2014 年，
村民收入提高了 2930 元，村財收入增加了 10 餘萬元。可謂貧困地區
自力更生與借助外力相結合脫貧致富的成功案例。[1]

三、黨的十八大以來對扶貧工作的新推動

　　黨的十八大以來，習近平心繫百姓冷暖，以貧困群眾期盼為己
任，幾乎走遍全國 14 個集中連片特困地區，詢饑飽、問冷暖、恤困
苦，在不同時間、多種場合反復強調擺脫貧困實現小康的重要意義、
指導思想和實現路徑，高瞻遠矚、立意深遠地闡明了新時期我國扶貧
開發的重大理論和實際問題，構築了新時期我國扶貧開發戰略思想，
成為全面建成小康社會的重要指導思想。黨中央把脫貧攻堅作為關乎
黨和國家政治方向、根本制度和發展道路的大事，吹響了打贏脫貧攻
堅戰的進軍號，脫貧攻堅取得顯著成績。2013 年至 2016 年 4 年間，每

---

1 許雪亞、鄭景順：〈用硬措施啃「硬骨頭」──福建省全力推動扶貧開發工作深入
　實施〉，《農村工作通訊》2015 年，第 15 ～ 22 頁。

年農村貧困人口減少都超過 1000 萬人，累計脫貧 5564 萬人；貧困發生率從 2012 年年底的 10.2% 下降到 2016 年年底的 4.5%，下降 5.7 個百分點；貧困地區農村居民收入增幅高於全國平均水準，貧困群眾生活水準明顯提高，貧困地區面貌明顯改善。[1] 黨的十九大再次吹響了擺脫貧困、決勝全面小康的激越號角。十九大報告指出，「讓貧困人口和貧困地區同全國一道進入全面小康社會是我們黨的莊嚴承諾」，又一次給貧困群眾吃了「定心丸」，展示了打贏脫貧攻堅戰的堅強決心，指出了實現脫貧攻堅目標的正確方向。

（一）共用——不容掉隊

「共用是中國特色社會主義的本質要求。必須堅持發展為了人民、發展依靠人民、發展成果由人民共用，做出更有效的制度安排，使全體人民在共建共用發展中有更多獲得感，增強發展動力，增進人民團結，朝著共同富裕方向穩步前進。」「按照人人參與、人人盡力、人人享有的要求，堅守底線、突出重點、完善制度、引導預期，注重機會公平，保障基本民生，實現全體人民共同邁入全面小康社會。」[2] 共用並不僅存於人類的理想中，也不是平均主義，更不是人民公社時期的「大鍋飯」，而是廣大人民共同奮鬥、共同分享改革開放和現代化建設成果並攜手共赴富裕生活的「人人共建、人人共用」的理想狀

---

1 〈習近平在中共中央政治局第三十九次集體學習時強調　更好推進精準扶貧精準脫貧　確保如期實現脫貧攻堅目標〉，《人民日報》2017 年 2 月 23 日。
2 〈中共中央關於制定國民經濟和社會發展第十三個五年規劃的建議〉，《人民日報》2015 年 11 月 4 日。

態。共用發展要的是解決「為誰發展」的問題，要求以公平正義為依託，以消除貧困為前提，以實現共同富裕為最終目標。在全面建成小康社會的衝刺階段，讓人民共用更多改革紅利，給人民帶來滿滿的獲得感，應該是最重要的發展理念之一。

　　擺脫貧困是全面建成小康社會的標誌性指標，也是共用發展最緊迫的體現，我們既要努力做大「蛋糕」，又要盡力分好「蛋糕」，讓貧困群眾共用經濟發展成果，增強其獲得感和安全感，因此扶貧工作是實現共用發展的基本條件和重要途徑。同時，由於扶貧工作的本質是全社會動員幫助困難人群，從這個層面來說，共用又是實現貧困人口脫貧的重要抓手。消除貧困是實現發展成果共用的前提，扶貧開發要通過補齊短板，讓人民群眾共用發展成果，讓全面建成小康社會不留死角，其中最困難的是推進革命老區、貧困山區人口的脫貧攻堅。陝西是國家集中連片特困地區覆蓋較大的重點省份，貧困面大、貧困人口多、貧困程度深，大部分貧困人口分佈在革命老區和深山區，脫貧攻堅任務十分艱巨。黨的十八大以來，省委、省政府著眼於從源頭上消除貧困，堅持把易地搬遷作為扶貧開發的主攻方向，大力實施避災扶貧移民搬遷工程，使 106.9 萬人搬出深山，走出了徹底斬斷窮根、不讓貧困代際傳遞的新路子，受到中央充分肯定和群眾普遍歡迎 」山西省呂梁市曾是革命老區，紅軍東征的主戰場，而今其下轄 13 個縣仍有 10 個縣是貧困縣，2014 年年底全市尚有貧困人口 61 萬，占到全

---

1 中共陝西省委中心組：〈堅持共用發展決勝脫貧攻堅〉，《求是》2016 年，第
　 37 ～ 39 頁。

省貧困人口的 1/5。[1] 為了讓呂梁貧困人口擺脫貧困，市政府在認真落實新農合各項規定的同時，與晉能集團（光伏產業）簽訂幫扶項目，2016 年年底前在 10 個貧困縣的 1000 個貧困村開啟光伏扶貧電站建設，讓貧困地區人民獲取光伏扶貧資產收益，共用現代科技發展帶來的經濟效益。上述實踐昭示了貧困革命老區政府和人民踐行共用發展理念，立下愚公移山志，動員一切力量、排除一切困難，打贏脫貧攻堅戰，實現一個不漏、一個不缺的全面小康的決心和信心。

（二）精準——定向發力

農村貧困人口如期脫貧、貧困縣全部摘帽、解決區域性整體貧困，是全面建成小康社會的底線任務，是我們做出的莊嚴承諾。[2] 隨著扶貧工作進入衝刺期，單純依靠一個政策、一項舉措讓上百萬人脫貧已不現實，扶貧政策邊際效應不斷遞減。黨的十八大以來，以習近平同志為核心的黨中央把扶貧開發工作擺在更加突出的位置，注重頂層設計、創新扶貧舉措，憑藉更明確的思路、更精準的舉措，不斷開創扶貧脫貧工作新局面。2013 年 11 月，習近平在湖南湘西考察時首次提出「精準扶貧」概念，後來又在多個場合進一步闡述並豐富這一概念的內涵，從理論到實踐形成了系統的思想，不僅成為指導我國扶貧工作的重要方針，為我國扶貧攻堅全面建成小康社會能夠取得成功

1　趙峻青：〈呂梁精準扶貧點響開門炮〉，《山西日報》2016 年 1 月 22 日。
2　〈習近平在中共中央政治局第三十九次集體學習時強調　更好推進精準扶貧精準脫貧　確保如期實現脫貧攻堅目標〉，《人民日報》2017 年 2 月 23 日。

奠定了思想基礎，提升了關於社會主義共同富裕的思想認識，是馬克思主義中國化的又一重要理論成果。扶貧開發貴在精準，重在精準，成敗之舉在於精準。精準扶貧秉承的是「真扶貧、扶真貧」之核心理念，要解決的問題有三：「扶持誰」「誰來扶」「怎麼扶」。習近平在 2015 年 11 月召開的中央扶貧開發工作會議上給出了答案：扶持誰？──把真正的貧困人口弄清楚，把貧困人口、貧困程度、致貧原因等搞清楚，以便做到因戶施策、因人施策。誰來扶？──加快形成中央統籌、省（自治區、直轄市）負總責、市（地）縣抓落實的扶貧開發工作機制，做到分工明確、責任清晰、任務到人、考核到位。怎麼扶？──按照貧困地區和貧困人口的具體情況，實施「五個一批」工程。發展生產脫貧一批，易地搬遷脫貧一批，生態補償脫貧一批，發展教育脫貧一批，社會保障兜底一批。2015 年，《中共中央、國務院關於打贏脫貧攻堅戰的決定》發佈，正式把「精準扶貧、精準脫貧」提升到打贏脫貧攻堅戰的基本戰略高度。2017 年 2 月 21 日，習近平在中共中央政治局第三十九次集體學習時強調，「集中力量攻堅克難，更好推進精準扶貧、精準脫貧，確保如期實現脫貧攻堅目標」。「精準扶貧」已上升為國家戰略，並逐步形成巨大的規模效應，成為扶貧開發的中國樣本。

各地的脫貧攻堅實踐成果證明了「精準扶貧」的正確性。2016 年，428 個貧困縣成為電商扶貧試點，旅遊扶貧則覆蓋到 2.26 萬個貧困村。作為脫貧攻堅的標誌性工程，易地扶貧搬遷工程開局良好，全年249 萬人的易地扶貧搬遷建設任務如期完成，精準扶貧成效顯著。習近平 2013 年首提「精準扶貧」的湖南湘西自治州花垣縣十八洞村，3 年間，在各級扶貧組織的幫扶下，按照精準扶貧的要求，建立了專業合

作社、通過探索股份合作扶貧、電商扶貧、資金整合模式、金融扶貧等一系列扶貧機制，2016 年該村人均純收入達 7798 元，最低為 3200元，實現了全部脫貧，而且還被命名為「全國鄉村旅遊示範村」「全國宜居鎮村」「省級文明村」，為全國的脫貧攻堅塑造了榜樣。[1]

（三）發展──內生動力

全面建成小康社會最艱巨最繁重的任務在農村，特別是在貧困地區，必須凝心聚力，蹄疾步穩地推動發展。而對於如何加快貧困地區發展，習近平給出了答案。2012 年 12 月在河北考察時他談道，「要因地制宜、科學規劃、分類指導、因勢利導，各項扶持政策要進一步向革命老區、貧困地區傾斜」2013 年 11 月，在湖南考察時他進一步指出，「發展是甩掉貧困帽子的總辦法，貧困地區要從實際出發，因地制宜，把種什麼、養什麼、從哪裡增收想明白，幫助鄉親們尋找脫貧致富的好路子」。2014 年 5 月，習近平在瞭解畢節扶貧經驗時批示，要繼續「為貧困地區全面建成小康社會闖出一條新路子」。他說，貧困地區發展要靠內生動力，一個地方必須有產業，有勞動力，內外結合才能發展。2015 年 10 月，習近平在 2015 減貧與發展高層論壇上強調，堅持開發式扶貧方針，把發展作為解決貧困的根本途徑，調動扶貧對象的積極性，提高其發展能力，發揮其主體作用。2017 年 6 月，習近平在山西太原市主持召開深度貧困地區脫貧攻堅座談會時再次強調，要注重激

---

1 〈習近平「精準扶貧」擎起脫貧攻堅指路明燈〉。http://news.cctv.com/2017/02/28/ ARTID5SlU jbwfyBtFSXYOgUX170228.shtml.2017–02–28.

發貧困地區和貧困群眾脫貧致富的內在活力，注重提高貧困地區和貧困群眾的自我發展能力。

「十三五」是向全面小康目標衝刺的「最後一公里」，貧困地區要與全國一道實現全面小康的目標，必須立足實際，以改革促發展。要重點發展貧困人口能夠受益的產業，交通建設專案要儘量向進村入戶傾斜，水利工程項目要向貧困村和小型農業生產傾斜，生態保護項目要提高貧困人口參與度和受益水準。要改進工作方式方法，多採用生產獎補、勞務補助、以工代賑等機制，教育和引導貧困群眾通過自己的辛勤勞動脫貧致富。[1] 通過貧困人口參與扶貧項目的決策、實施和監督，充分發揮比較優勢，找準符合貧困地區實際的脫貧致富路子，不斷增強貧困地區發展的內在動力和外在活力。

最大的扶貧是發展，最深的動力在改革。地處貴州西部、烏蒙山腹地的貴州省六盤水市實施「三變」改革，走出了一條以改革發展推進脫貧致富的新路。2014 年以來，該市推行資源變股權、資金變股金、農民變股民的「三變」改革，通過股權紐帶把城鄉各種資源要素整合到產業平臺上來，有效解決了農村資源分散、資金分散、農民分散問題，推動了規模化、組織化、市場化發展。2 年來，每年以 100 萬畝的速度推進農業產業化發展，共有 31.99 萬畝集體土地、18.1 萬畝「四荒地」、38.72 萬平方米水面、3450 平方米房屋入股合作社、家庭農場、企業等經營主體，通過股權收益消除集體經濟「空殼村」413 個，「空殼村」占比從 2013 年的 53.8％ 下降到 15.3％；吸引 8.9 萬

---

1 〈習近平在深度貧困地區脫貧攻堅座談會上強調　強化支撐體系加大政策傾斜　聚焦精準發力攻克堅中之堅〉，《人民日報》2017 年 6 月 25 日。

戶、31 萬農民通過入股變為股民，入股農民年人均增收 1200 元以上。2014 年實現 2.8 萬戶、10 萬貧困人口脫貧，2016 年有 10 萬人以上脫貧，確保到 2018 年全部貧困人口脫貧。「三變」改革，改變了貧困群眾的生存和發展空間，拓寬了農民增收致富渠道，啟動了農村發展的內生動力，壯大了村級集體經濟，是習近平「大農業」「大農合」「大農政」的「三農」思想和「內源扶貧」思想在西部山區的成功實踐。[1]

（四）扶志（智）──提升自信

習近平在中共中央政治局第三十九次集體學習時指出，幹部群眾是脫貧攻堅的重要力量，貧困群眾既是脫貧攻堅的對象，更是脫貧致富的主體。要注重扶貧同扶志、扶智相結合，把貧困群眾積極性和主動性充分調動起來，引導貧困群眾樹立主體意識，發揚自力更生精神，激發改變貧困面貌的幹勁和決心，靠自己的努力改變命運。[2] 扶貧工作，關鍵是一個「扶」字。給錢給物，只能解一時之困，精準扶貧不是強行脫貧，重要的是要拔除貧根，擺脫思想上的貧困即意識貧困和思路貧困。只有斬斷窮根，說明貧困地區人民甩掉貧困的思想帽子，樹立理想信念，勇於向貧困發起挑戰，才能真正開掘富源。2012 年 12 月習近平在貧困地區和革命老區河北省阜平縣考察時指出：「治貧先

---

1 〈貴州六盤水市：「三變」改革成為精準扶貧「新引擎」〉。http: // news.xinhuanet. com/local/ 2016–04/05/c_1118532771.htm.2016–04–05.

2 〈習近平在中共中央政治局第三十九次集體學習時強調　更好推進精準扶貧精準脫貧　確保如期實現脫貧攻堅目標〉，《人民日報》2017 年 2 月 23 日。

治愚」，「只要有信心，黃土變成金」。[1]扶貧要送溫暖，亦要扶志氣，有了挑戰貧困、擺脫貧困的志氣還不夠，還需要有底氣和能力，擺脫貧困亦需要知識與智慧，因此，扶貧要扶志，扶貧亦要扶智，治貧必治愚。知識是力量的源泉，百年大計教育為本，培養智慧、提升能力的根本在於教育，通過教育提升貧困人口的知識水準和思想素質是從根本上阻隔貧困的代際傳遞的有效途徑，並為貧困地區脫貧提供力量。對此習近平曾指出：發展鄉村教育，讓每個鄉村孩子都能接受公平、有品質的教育，阻止貧困現象代際傳遞，是功在當代、利在千秋的大事。[2]

在黨中央的領導下，各貧困地區加大教育投資力度，實現扶貧扶智。近兩年，山西為實現地區脫貧，開啟了針對省內貧困高職、中專學生的「雨露計畫」，意在減輕高職貧困生的經濟壓力，避免輟學的現象；重慶市雲陽縣邊遠高寒山區學校和村校辦學條件差、師資力量薄弱，對此縣政府實施「暖冬計畫」，安裝供暖設備保障學生正常上課，同時開啟培養全科教師計畫，並每年派遣 100 名市屬學校教師支教，以提升貧困地區的教學品質；廣西百色市實施「結對幫扶全覆蓋」，派出 65584 名幹部職工實行從小學到中學到大學直至就業全程結對幫扶，確保貧困學生不失學、不輟學，直至完成學業就業。各地積極實踐教育扶貧，用科學的態度營造起扶貧扶志扶智的制度環境，通過「腦

---

1 〈習近平到河北阜平看望慰問困難群眾時強調 把群眾安危冷暖時刻放在心上 把黨和政府溫暖送到千家萬戶〉，《人民日報》2012 年 12 月 31 日。

2 〈習近平主持召開中央全面深化改革領導小組第十一次會議強調 深刻把握全面深化改革關鍵地位 自覺運用改革精神謀劃推動工作〉，《人民日報》2015 年 4 月 2 日。

袋智慧」來促進「口袋致富」，解決「人的素質性脫貧」問題，引導民眾主動參與鄉村建設。說到底，扶起貧窮的人們，最終是要讓他們自己站立。

（五）合力——各方參與

習近平指出，「扶貧開發是全黨全社會的共同責任，要動員和凝聚全社會力量廣泛參與。要堅持專項扶貧、行業扶貧、社會扶貧等多方力量、多種舉措有機結合和互為支撐的『三位一體』大扶貧格局，健全東西部協作、黨政機關定點扶貧機制，廣泛調動社會各界參與扶貧開發積極性。」[1] 沒有貧困地區的小康，就沒有全面建成小康社會；沒有貧困群眾的脫貧致富，就無法築牢共同富裕的堅實基礎。向貧困宣戰是一個全社會的話題，必須凝聚各方力量，調動多種資源。

脫貧攻堅，黨和政府所起的作用不言而喻，社會的力量同樣也不容忽視。各級黨委、政府要站在政治、全域和戰略的高度，始終把脫貧攻堅作為重大政治任務來抓，作為最大、最急、最緊的民生工程來抓，牢固樹立「打硬仗、打勝仗」的理念，以時不我待、只爭朝夕的責任感、緊迫感，以背水一戰、決戰決勝的堅定決心，奪取脫貧致富奔小康的全面勝利；廣大黨員幹部要自覺擔負起義不容辭的神聖使命，盯住制約貧困地區發展的重點問題特別是最突出的民生難題，以「釘釘子」精神一項一項加以解決，讓貧困群眾看得見、感受得到扶貧成

---

1 〈習近平在部分省區市黨委主要負責同志座談會上強調　謀劃好「十三五」時期扶貧開發工作　確保農村貧困人口到2020年如期脫貧〉《人民日報》2015年6月20日。。

效，使貧困地區年年都有新變化；社會各方力量要攜手共進、廣泛參與，凝聚起攻堅克難的強大合力，形成政府、市場、社會系統推進的大扶貧格局，努力啃下脫貧攻堅的「硬骨頭」，戮力同心打贏這場硬仗，補齊全面建成小康社會的短板，實現互利多贏。

　　一人難挑千斤擔，眾人能移萬重山。西藏作為全國唯一的省級集中連片特困地區，「十二五」期間牢牢鎖定貧困人口和貧困村鎮，向絕對貧困發起總攻，初步形成了政策扶貧、專項扶貧、行業扶貧、金融扶貧、援藏扶貧「五位一體」，政府、市場、社會協同推進的大扶貧格局。自治區黨委、政府以多種方式推動貧困地區發展，農牧區基礎設施、基本公共服務條件明顯改善，全區 60 多萬農牧民基本解決安全飲水問題，建制村全部通電，鄉鎮和建制村公路通達率分別達 99％和 97％，10 多萬貧困群眾住上了安全適用住房；以免費醫療為基礎的農牧區醫療制度實現全覆蓋，全區小學、初中入學率分別達 99％、98％，廣播電視人口綜合覆蓋率分別達到 94％和 95％，建成 543 個鄉鎮綜合文化站。同時，社會扶貧也已成為西藏大扶貧工作格局中不可缺少的一支重要力量，2015 年自治區出臺了《關於進一步動員社會各方面力量參與扶貧開發的實施意見》，明確了黨員領導幹部對口扶貧、定點扶貧、援藏扶貧、企業和社會組織等各界力量參與扶貧的具體措施，進一步健全大扶貧格局。到 2015 年，全區實現了 41.42 萬貧困群眾穩定脫貧，貧困發生率由 2010 年的 49.62％下降到 32.95％，貧困群眾收入增長幅度高於全區平均水準 3 個百分點。西藏的扶貧工作交出了一份不俗的減貧成績單，鮮活的實踐證明，積極引導社會力量廣泛參與，形成決戰貧困強大合力，就一定能滿足人民的期待，打贏脫貧攻堅戰。

第二章

新發展理念：擺脫貧困奔小康的行動指南

「沒有思想就沒有靈魂，沒有理念就沒有方向。」黨的十八屆五中全會佇立於承前啟後的歷史節點上，聚焦全面建成小康社會的宏偉目標，從全域性、根本性、方向性和長遠性著眼，確立了我國經濟社會發展必須牢固樹立創新、協調、綠色、開放、共用的新發展理念，這是以習近平同志為核心的黨中央在對國內外發展經驗進行深刻總結、對國內外發展大勢予以準確把握的基礎上，針對我國發展過程中存在的突出矛盾和問題提出的，凝聚了各個方面的發展共識，回應了全國各族人民對發展的新期待，體現了黨對我國經濟社會發展規律認識的深化，是全面小康如期建成的科學指南，有助於破解發展中存在的不平衡、不協調、不可持續的難題。全面小康乃是人人共用、不容許一個人掉隊的小康，這正是全面建成小康社會的難點所在與攻堅所指。在全面建成小康社會的決勝階段，必須準確把握新發展理念，並

將其完整地貫徹落實到脫貧的具體實踐中，全力做好補齊短板這篇大文章，讓貧困地區和貧困人口及早甩掉貧困的帽子，通過破解發展難題來提升發展品質和效益，使我國進入決戰貧困的新境界。

一、新發展理念是全面建成小康社會的科學指南

發展理念是發展行動的先導，有什麼樣的理念，就有什麼樣的發展。2017 年 7 月 26 日在省部級主要領導幹部「學習習近平總書記重要講話精神，迎接黨的十九大」專題研討班開班式上，習近平指出，黨的十八大以來的五年，是黨和國家發展進程中很不平凡的五年，我們堅定不移貫徹新發展理念，有力推動我國發展不斷朝著更高品質、更有效率、更加公平、更可持續的方向前進。[1]「十三五」時期是全面建成小康社會的最後衝刺階段，行百里者半九十，中國的發展邁向了一個極其關鍵的歷史窗口期。發展的新階段、形勢的新變化，必然要求發展理念與時俱進，針對時代的問題謀劃破解之策、發展之道。習近平指出：「提出創新、協調、綠色、開放、共用的發展理念，在理論和實踐上有新的突破，對破解發展難題、增強發展動力、厚植發展優勢具有重大指導意義。」[2] 它是順應時代發展潮流、契合我國發展實際

1 〈習近平在省部級主要領導幹部「學習習近平總書記重要講話精神 迎接黨的十九大」專題研討班開班式上發表重要講話強調　高舉中國特色社會主義偉大旗幟　為決勝全面小康社會實現中國夢而奮鬥〉，《人民日報》2017 年 7 月 28 日。
2 習近平：〈關於《中共中央關於制定國民經濟和社會發展第十三個五年規劃的建議》的說明〉，《人民日報》2015 年 11 月 4 日。

的戰略抉擇，豐富和拓展著馬克思主義發展觀，是全面建成小康社會的科學指南與基本遵循。

（一）新發展理念：對中國特色社會主義發展規律的新認識

黨的十八大以來，以習近平同志為核心的黨中央順應發展潮流，審時度勢，牢牢抓住發展中國特色社會主義這一主線，著眼新的發展實踐，不斷推進理論創新，形成了一系列關於發展的目標、動力、佈局以及保障等新的理念和新的思想，尤其是在我國經濟發展進入新常態，發展環境、條件、任務、要求都發生深刻變化的大背景下提出來的「創新、協調、綠色、開放、共用」的新發展理念，科學回應了社會主義本質要求，堅持了社會主義發展方向，把我們黨對經濟社會發展規律的認識提升到新的高度。正如習近平所指出的，「五大發展理念，是『十三五』乃至更長時期我國發展思路、發展方向、發展著力點的集中體現，也是改革開放 30 多年來我國發展經驗的集中體現，反映出我們黨對我國發展規律的新認識」。[1]

1. 新發展理念是對國際國內現代化建設經驗教訓的清醒認識

第二次世界大戰後，加快經濟增長、實現經濟社會發展，成為世

---

1 習近平：〈關於《中共中央關於制定國民經濟和社會發展第十三個五年規劃的建議》的說明〉，《人民日報》2015 年 11 月 4 日。

界各國的共識，人類創造了前所未有的經濟增長成就。與此同時，由於發展理念存在一定的偏差導致一系列不良惡果：實行先發展、後治理的模式，致使生態環境嚴重惡化；過於注重經濟增長速度導致經濟結構失衡、發展品質不高、後勁不足，甚至出現了諸如貧富懸殊、失業增加、社會腐敗、政治動盪等不良後果。新發展理念是我們黨清醒認識世界發展大勢，科學把握發展之內在規律，面對國內國外現代化建設的經驗教訓進行理性梳理、深刻總結的必然結果。

2. 新發展理念是對我國經濟社會發展規律的客觀總結

作為事關我國發展大局的一場深刻變革，新發展理念的提出是基於改革開放的蓬勃發展以及從社會發展的內在聯繫把握發展思路、分析和處理發展中的現實問題。伴隨著黨的發展理念的豐富發展，從「八五」時期的「發展就是硬道理」，到「九五」時期的「可持續發展」，到「十五」「十一五」「十二五」的「科學發展觀」，再到現在針對我國經濟發展進入新常態、世界經濟復蘇低迷形勢提出的新發展理念，充分彰顯了我們黨對發展問題的高度重視和中國共產黨人在實踐中不斷完善發展觀的生動歷程。可以說，每一次發展理念的創新，無不體現了我們黨在領導革命、建設和改革的過程中，根據時代發展需要以及重大社會現實問題的變化，不斷推進理論創新而逐步形成並加以完善的中國化馬克思主義的發展觀，這不僅是對我國發展規律的準確把握，而且充分整合了全社會的共識和凝聚力，使黨的執政能力與執政水準得以提升。新發展理念的提出是對新中國成立 60 多年特別是改革開放以來的社會主義建設實踐經驗的深刻總結，是社會主義本

質要求的新概括和對中國特色社會主義理論體系的新拓展。

3. 新發展理念是對發展新階段的基本特徵的深刻洞悉

作為世界上最大的發展中國家，中國以發展為第一要務。進入全面建成小康社會收官階段，在發展環境、條件、任務以及發展要求等方面產生新的變化，從而使我國的發展既蘊藏巨大潛力，也遭遇嚴峻挑戰。一方面，國際國內環境發生深刻變化，我們面臨重要的戰略機遇期。從國際環境而言，世界政治經濟總體上有利於維護世界和平與發展大局，我國發展具有相對穩定的外部環境；從國內環境而言，我國物質基礎雄厚、人力資本豐富、市場空間廣闊、發展潛力巨大，經濟長期向好的基本面沒有改變。經濟發展新常態下，伴隨著發展動力的轉換，帶動發展方式的轉變和經濟結構的優化，新的發展活力將不斷釋放。另一方面，也必須清醒看到，全面建成小康之路並非順達通暢，來自國內外的多重發展阻力，增大了如期完成任務的難度。全球經濟尚在復蘇之中且進展緩慢，加之債務週期與停滯週期疊加，我國的外部發展環境愈加複雜多變、撲朔迷離；同時，我國經濟社會發展面臨的諸如創新能力不強、城鄉區域發展不均衡、人口紅利消失、資源環境約束趨緊、收入分配差距的趨勢依然存在，農業基礎薄弱、城鄉貧困人口和低收入人口還有相當數量等一系列不平衡、不協調與不可持續問題，如不及時調整發展理念，將難以跨越「中等收入陷阱」。發展的新課題新矛盾，迫切需要樹立新的發展理念，並以此破解發展難題，開拓更為廣闊的發展空間，黨的十八屆五中全會依據「我國發展仍處於可以大有作為的重要戰略機遇期，也面臨諸多矛盾疊加、風

險隱患增多的嚴峻挑戰」[1] 這一基本特徵，明確提出新發展理念，使發展的具體內涵得以豐富和充實。

（二）新發展理念：中國特色社會主義發展理論的新昇華

「創新、協調、綠色、開放、共用」新發展理念作為我們黨治國理政的新理念，系統回答了關於發展的目的、方式、路徑、著力點以及衡量標準等一系列問題，是管全域、管根本、管長遠的發展導向和發展要求，拓展和豐富了中國特色社會主義發展理論，為引領經濟發展新常態、決勝全面建成小康社會提供強大思想武器和行動指南。深刻認識和把握新發展理念的內涵和特點，對「十三五」乃至更長時期的發展思路、發展方向和發展著力點具有重要的引領作用。

「創新發展」，強調把創新擺在國家發展全域的核心，成為引領經濟社會發展的第一動力，側重解決如何激發新的發展動力問題。「協調發展」，強調正確處理發展中的重大關係，在各領域協同共進中拓寬發展空間，增強發展的整體性，為提升發展整體效能、推進全面進步提供有力保障，側重解決如何化解發展不平衡問題。「綠色發展」，強調堅持節約資源和保護環境的基本國策，堅定走生產發展、生活富裕、生態良好的文明發展道路，實現經濟發展與環境保護共贏，側重解決如何形成人與自然的和諧共生問題。「開放發展」，強調順應我國經濟深度融入世界經濟的趨勢，奉行互利共贏的開放戰略，構建廣

---

1 〈中共中央關於制定國民經濟和社會發展第十三個五年規劃的建議〉，《人民日報》2015 年 11 月 4 日。

泛的利益共同體，實現中國與世界良性互動，側重解決如何促進經濟社會發展中的內外聯動問題。「共用發展」，強調堅持發展為了人民、發展依靠人民、發展成果由人民共用，使全體人民在共建共用發展中有更多獲得感，為經濟社會發展注入更多來自人民的深層動力，側重解決社會公平正義問題。

創新、協調、綠色、開放、共用新發展理念各有側重又互相聯繫，緊緊圍繞促進全面建成小康社會、堅持和發展中國特色社會主義，體現了對社會主義本質要求和發展方向的科學把握。創新發展是全面建成小康社會的關鍵動力，是堅持和發展中國特色社會主義的根本支撐；協調發展是全面建成小康社會的重要保證，是堅持和發展中國特色社會主義的有力保障；綠色發展是全面建成小康社會的歷史選擇，是堅持和發展中國特色社會主義的必由之路；開放發展是全面建成小康社會的歷史總結，是堅持和發展中國特色社會主義的必然要求；共用發展是全面建成小康社會的目的所在，是堅持和發展中國特色社會主義的必然選擇。五個方面層層遞進，形成相互貫通相互聯繫的有機整體。[1]

新發展理念既是一種發展思路，更是一種執政理念，它堅持了人民的主體地位，從解決人民群眾最關心最直接最現實的利益問題入手，始終圍繞著「人民對美好生活的嚮往就是我們的奮鬥目標」，充分體現了中國共產黨一貫倡導和堅持的全心全意為人民服務的根本宗旨和人民至上的價值取向。創新發展的主體是人民；協調發展、綠色

---

1 張建：〈「五大發展理念」：全面建成小康社會的科學指南〉，《理論導刊》2016年，第 59 ~ 62 頁。

發展、開放發展讓人民獲得更大發展空間，順應了人民對美好生活的追求；共用發展是新發展理念的目的和歸宿，旨在讓發展成果由人民共用，使全體人民在共建共用發展中有更多獲得感。新發展理念致力於解決「怎樣發展」和「發展為了誰」的問題，形成一個要求人人參與、人人盡力、人人享有的多系統、多維度的有機整體，共同引領我國發展實踐，開闢了我們黨治國理政的新境界，開拓了科學發展的新路徑，開創了改革開放發展的新天地。

二、以新發展理念為指導，開闢脫貧奔小康的新境界

發展理念來自發展實踐，並指導人們的發展實踐。新發展理念是我們黨治國理政方面的重大理論創新，是全面建成小康社會的科學指南。2016 年 1 月 29 日習近平在主持中共中央政治局第三十次集體學習時強調，創新、協調、綠色、開放、共用的發展理念，集中體現了「十三五」乃至更長時期我國的發展思路、發展方向、發展著力點，是管全域、管根本、管長遠的導向。新發展理念就是指揮棒、紅綠燈。[1]黨的十八大以來，黨中央對脫貧攻堅做出新的部署，吹響了打贏脫貧攻堅戰的進軍號，四樑八柱的頂層設計基本形成，脫貧攻堅取得顯著成績。然而，對於中國的減貧事業來說，接下來幾年的考驗嚴峻而關鍵。越往後脫貧難度越大，因為剩下的大都是條件較差、基礎較弱、

---

1 〈習近平在中共中央政治局第三十次集體學習時強調　準確把握和抓好我國發展戰略重點　扎實把「十三五」發展藍圖變為現實〉，《人民日報》2016 年 1 月 31 日。

貧困程度較深的地區和群眾。要把深度貧困地區作為區域攻堅重點，確保在既定時間節點完成脫貧攻堅任務。[1]基於新形勢、新任務、新機遇和新挑戰，貧困地區必須用新發展理念引領發展行動，以堅持農民主體地位、增進農民福祉為出發點和落腳點，準確把握實際，厚植貧困農村發展優勢，集中力量推進脫貧攻堅，強化基礎、補齊短板、共奔小康，提升跨越發展新境界。

（一）堅持創新發展，培育貧困地區經濟增長新動力

全面建成小康社會，從根本上說是發展的問題，而創新永遠是推動一個國家、一個民族勇往直前的重要力量，是引領中國可持續發展的第一動力源。黨的十八屆五中全會提出創新發展理念，強調「創新是引領發展的第一動力。必須把創新擺在國家發展全域的核心位置，不斷推進理論創新、制度創新、科技創新、文化創新等各方面創新，讓創新貫穿黨和國家一切工作，讓創新在全社會蔚然成風」[2]。這是為了破解新形勢下的發展動力問題而提出來的，蘊含著深刻內涵：創新發展是全方面的，包括理論創新、制度創新、科技創新、文化創新等各方面創新；創新發展具有穿透力，是貫穿黨和國家一切工作的戰略主線，是經濟社會發展的基礎動力；創新發展具有社會性，離不開全社會形成創新風尚。創新被置於新發展理念的首位，而且被擺在國家

---

1 〈習近平在中共中央政治局第三十九次集體學習時強調　更好推進精準扶貧精準脫貧　確保如期實現脫貧攻堅目標〉，《人民日報》2017 年 2 月 23 日。

2 〈中共中央關於制定國民經濟和社會發展第十三個五年規劃的建議〉，《人民日報》2015 年 11 月 4 日。

發展全域的核心位置，對創新的空前重視，有著鮮明時代特色和現實針對性。習近平指出：「我們黨之所以能夠歷經考驗磨難無往而不勝，關鍵就在於不斷進行實踐創新和理論創新。」[1] 堅持創新發展理念，必須以時不我待的緊迫、鍥而不捨的定力、奮發有為的進取，不斷汲取人民群眾的智慧，科學把握創新規律，為全面建成小康社會、實現中華民族偉大復興提供不竭的動力源泉。

創新發展，是全面建成小康社會的先導。到 2020 年全面建成小康社會，是中國特色社會主義由「先富」轉向「共富」的一個重要節點，而貧困是全面建成小康社會必須邁過的一道坎。貧困地區發展緩慢，有區位優勢不獨特、資源優勢不明顯、產業發展不規模、基礎設施建設滯後等方方面面的因素，但其中最關鍵的是缺乏創新意識，更缺乏創新舉措，工作推進按部就班、黨員幹部對創新知識學習不足、創新經驗借鑒不夠，創新型人才匱乏，導致本地區固有的創新發展元素未能很好挖掘，後發優勢未能凸顯。

多年的基層工作經歷使習近平對貧困問題有著深切的感悟和思考。20 多年前，當他擔任寧德地委書記時面臨的首要問題就是如何發展經濟，解決老百姓的溫飽。在《擺脫貧困》一書中他一針見血地指出，物質貧困並不可怕，可怕的是由於長期的物質貧困而導致人們「頭腦中的貧困」，即精神貧困。他把精神貧困具體區分為思路貧困和意識貧困，「思路貧困」就是由於缺乏認識問題、分析問題和解決問題的科學思想武器，從而缺乏擺脫物質貧困的有效思路和方法，導致要麼

---

1 霍小光：〈習近平在七大會址論黨的實踐創新和理論創新：永無止境〉。http://news.xinhuanet.com/2015–02/15/c_1114372592.htm，2015–02–15.

安貧樂道窮自在，要麼怨天憂人等靠要，而沒有積極行動起來想辦法找出路。「意識貧困」就是由於缺乏自信和自尊，從而缺乏行動的意義和價值目標，缺乏向上的志氣和行動的勇氣，「見人矮一截，提不起精神，由自卑感而產生『貧困縣意識』」[1]。《擺脫貧困》在《跋》中有言：「只有首先『擺脫』了我們頭腦中的『貧困』，才能使我們所主管的區域『擺脫貧困』，才能使我們整個國家和民族『擺脫貧困』，走上繁榮富裕之路。」[2]

　　那麼，貧困地區如何在擺脫意識貧困和思路貧困中獲取發展動力？習近平認為解放思想是擺脫貧困的關鍵，強調觀念「先飛」、思想先行的重要性，指出「地方貧困，觀念不能『貧困』」，「當務之急，是我們的黨員、我們的幹部、我們的群眾都要來一個思想解放、觀念更新」。「扶貧先要扶志」，他多次強調，「弱鳥可望先飛，至貧可能先富，但能否實現『先飛』『先富』，首先要看我們頭腦裡有無這種意識」，「貧困地區完全可能依靠自身的努力、政策、長處、優勢在特定領域『先飛』，以彌補貧困帶來的劣勢」。「我們不擔心說錯什麼，只是擔心『意識貧困』，沒有更加大膽的改革開放的新意；也不擔心做錯什麼，只是擔心『思路貧困』，沒有更有力的改革開放的舉措。」[3]正是在他的大力推動下，寧德的幹部群眾逐步打破傳統保守觀念，大膽創新，迸發出新的發展活力。

　　在全面建成小康社會的決勝階段，扶貧開發作為一項重點內容被

---

1 習近平：《擺脫貧困》，福州：福建人民出版社 2014 年版，第 68 頁。
2 習近平：《擺脫貧困》，福州：福建人民出版社 2014 年版，第 216 頁。
3 習近平：《擺脫貧困》，福州：福建人民出版社 2014 年版，第 2、3、216 頁。

列入「十三五」規劃。2015 年的中央扶貧開發工作會議上，習近平下達了消滅貧困的決戰令，釋放出向貧困發起總攻的強烈信號。為實現到 2020 年所有貧困地區和貧困人口一道邁入全面小康社會的目標，確保脫貧攻堅戰的勝利，我們更加需要保持思想的活力，針對制約貧困地區發展的突出問題，確立創新在貧困地區發展全域中的核心地位，立足於貧困地區獨有的特色資源、淳樸民風以及政策傾斜等優勢，科學把握創新規律，營造良好創新環境，讓創新貫穿於扶貧攻堅的全過程，通過創新理念激發扶貧開發新活力，培育貧困地區經濟增長新動力，為貧困地區彎道取直、後發趕超、如期建成小康社會增添活力。

1. 創新扶貧開發路徑，由「大水漫灌」向「精準滴灌」轉變

作為貧困治理的重要實踐者與開拓者，新中國自成立以來就一直致力於消除貧困，尤其是改革開放以來走出了一條極具特色的減貧之路，創造了 7 億多人口成功脫貧的世界奇跡和人類壯舉，人民生活基本實現小康。然而，基本不是全面，要實現共同富裕，中國還要打一場脫貧攻堅的硬仗。如何打贏脫貧攻堅戰，事關貧困人口的福祉和全面小康社會的建成。習近平指出，扶貧開發到了攻克最後堡壘的階段，所面對的多數是貧中之貧、困中之困，需要以更大的決心、更明確的思路、更精準的舉措抓工作。要真扶貧、扶真貧、真脫貧。[1] 面對多年的減貧工作之後剩餘的「硬骨頭」「大難題」「深水區」，扶貧開發

---

1 〈習近平在東西部扶貧協作座談會上強調　認清形勢聚焦精準深化幫扶確保實效切實做好新形勢下東西部扶貧協作工作〉，《人民日報》2016 年 7 月 22 日。

的路徑需要從「大水漫灌」轉向「精準滴灌」，從千篇一律轉向個性化定制。針對扶貧底數不夠清、指向不夠準、針對性不夠強等問題，扶貧單元應從瞄準區域轉向瞄準農戶，在區域發展格局下更加注重扶持貧困農戶發展，直接滿足貧困人口的基本生存和發展需求，瞄準「窮根」、精準發力，全面瞭解不同貧困區域和農戶的狀況，分析貧困程度、找準致貧原因、瞭解脫貧需求，並結合貧困個體的實際情況，堅持分類指導，對症施策，增強扶貧的針對性和實效性，在全面建成小康社會進程中不讓一個人掉隊。精準扶貧是扶貧工作科學性的體現，剩餘的幾千萬貧困人口分佈在哪裡？為何貧困？怎麼幫扶？其工作量極大，非嚴謹細緻不足以求公平，非實事求是不足以樹公信。正如習近平指出的，打好脫貧攻堅戰，貴在精準，重在精準，成敗之舉在於精準。[1]

2. 創新扶貧資源利用方式，由多頭分散向統籌集中轉變

貧困地區最大的發展瓶頸是基礎設施落後、欠帳較多，要打好扶貧資源使用的組合拳，建立「多條渠道進水、一個龍頭出水」的專案整合機制和部門協作機制，整合扶貧整村推進、以工代賑、財政獎補、危房改造、道路建設、交通安全、文化和教育衛生等專案資金以便統籌使用，最大限度地提高專案資金的使用效率。要探索成立扶貧基金管理機構，搭建農村各類資源要素合理有序流動交易平臺，拓寬扶貧資金渠道，提高扶貧資金使用效益。要探索整合資金機制，按

1　習近平：〈謀劃好「十三五」時期扶貧開發工作　確保農村貧困人口到 2020 年如期脫貧〉，《人民日報》2015 年 6 月 20 日。

照生活救助、基本生產條件改善、特色產業發展、扶貧搬遷、公共服務、能力建設等大類進行專案資金整合，統籌運用好資金、資產、資源，完善貧困村的教育、衛生、水、電、路等基本公共服務和基礎設施，保障貧困人口的基本生產生活需求，探尋增收渠道，推進現代農業建設，集中力量精準脫貧。

3. 創新扶貧開發模式，由偏重「輸血」向注重「造血」轉變

貧困人口難以脫貧致富的主要原因不外乎勞動力素質偏低、產業支撐乏力、基礎設施相對滯後等，因此，發展是甩掉貧困帽子的總辦法。習近平指出，貧困地區要激發走出貧困的志向和內生動力，以更加振奮的精神狀態、更加扎實的工作作風，自力更生、艱苦奮鬥，凝聚起打贏脫貧攻堅戰的強大力量。[1] 貧困農村脫貧致富實現全面建成小康，離不開「輸血」即「授人以魚」的外部幫扶，但更重要的還在於激發內生動力，「授人以漁」以增強貧困人口自我發展的「造血」功能，把「造血」和「輸血」有機結合起來。一是突出產業扶貧。實踐表明，產業是脫貧之基和強縣之本，是增收致富的「搖錢樹」和提振能力的「試金石」，也是區域經濟發展的「發動機」和扶貧開發的「生命線」。貧困地區要充分發揮比較優勢，根據自身自然條件、要素稟賦、經濟水準，根據市場經濟的理念和規律，謀劃主導產業，通過因地制宜發展特色產業，引導培育富民增收產業，形成「一村一品」「一

---

1 〈習近平在東西部扶貧協作座談會上強調　認清形勢聚焦精準深化幫扶確保實效切實做好新形勢下東西部扶貧協作工作〉，《人民日報》2016 年 7 月 22 日。

鄉一業」的規模化農業產業發展格局，大力推進以特色農業、民族和邊關旅遊、勞務經濟等為主的產業扶貧，提升「造血能力」，加快貧困農村脫貧致富奔小康和建設社會主義新農村的步伐。二是夯實基礎扶貧。加大投入建設貧困地區的水、電、路、房、通信等基礎設施，有效改善貧困群眾的生產生活條件，為脫貧攻堅奠定堅實基礎。加快建設貧困地區社會保障體系，及時兌現落實救助、補貼、低保等政策，解決貧困群眾的基本生存問題。要通過設立專項扶持基金、搭建財政信用擔保融資平臺等方式，發揮政府財政專項資金的引導作用，促進社會資金共同扶持和參與扶貧。三是注重精神扶貧。在加大扶貧資金投入和物資支援的同時，通過宣傳發動、教育培訓、典型示範，提高貧困人口的科學文化素質和思想道德素質。

4. 改進貧困縣考核機制，由主要考核地區生產總值向考核扶貧開發工作成效轉變

習近平強調，扶貧工作必須務實，脫貧過程必須扎實，脫貧結果必須真實，脫貧計畫不能脫離實際隨意提前，扶貧標準不能隨意降低，決不能搞數字脫貧、虛假脫貧。[1]要引導貧困地區黨政領導和幹部把工作重點放在扶貧開發上，進一步強化脫貧攻堅領導責任制，逐級立下軍令狀，層層簽訂任務書。堅持「一把手帶頭」，各級黨政主要負責人以身作則、率先垂範，真正把扶貧工作抓在手上、扛在肩上。

---

1 〈習近平在深度貧困地區脫貧攻堅座談會上強調　強化支撐體系加大政策傾斜　聚焦精準發力攻克堅中之堅〉，《人民日報》2017 年 6 月 25 日。

健全單位包村、幹部包戶機制，促進各級幹部重心下沉、工作前移，不脫貧不脫鉤。配備「一班最強人馬」，抓好組織協調，在扶貧一線鍛煉幹部，調集熟悉基層、能打硬仗、有辦法、善操作的幹部，加強扶貧工作力量。健全脫貧成效評估機制，堅持年度脫貧攻堅報告和督查制度，實施最嚴格的考核評估，並將考核結果作為幹部提拔使用的重要依據，對未能完成年度目標任務的實行「一票否決」；對不嚴不實、弄虛作假的嚴肅問責，對挪用、貪污扶貧款項的嚴肅處理，確保精準扶貧、精準脫貧工作落實落細落小。

（二）堅持協調發展，形成貧困地區平衡發展新格局

改革開放造就了世界第二大經濟體迅速崛起的中國傳奇，我們在深切領悟「發展才是硬道理」之分量的同時，也不斷感受到「成長的煩惱」，發展中不平衡、不協調、不可持續問題日漸突出，特別是區域發展不平衡，城鄉發展不協調，產業結構不合理，經濟和社會發展「一條腿長、一條腿短」等矛盾暴露出發展面臨的瓶頸制約，發展理念與方式亟待轉變。黨的十八屆五中全會強調：「協調是持續健康發展的內在要求。必須牢牢把握中國特色社會主義事業總體佈局，正確處理發展中的重大關係，重點促進城鄉區域協調發展，促進經濟社會協調發展，促進新型工業化、信息化、城鎮化、農業現代化同步發展，在增強國家硬實力的同時注重提升國家軟實力，不斷增強發展整

體性。」[1] 這正是對我國發展中突出存在的不平衡問題的正面回應，是因發展實際倒逼而來，也是因時而動、應勢而為，發揮主觀能動性的主動選擇，是我們黨堅持問題導向、破解發展難題的應對之策和著眼未來、謀劃全域的戰略考量，具有重大理論意義和實踐指導作用，是「十三五」乃至更長時期必須堅持和貫徹的重要發展理念之一。

全面建成小康社會，強調的不僅是「小康」，更重要的且更難做到的是「全面」。「全面」不是自然形成的，而是通過統籌兼顧、注重平衡「協調」而來的。協調之策在於從整體和全域上補齊短板，提升發展整體效能。實際上，越是短板，越具有後發優勢；越在薄弱環節上多發力，著力解決突出問題和明顯短板，越能起到「四兩撥千斤」的良好效果。貧困是全面小康的最大短板，在全面建成小康社會的收官階段，越是臨近成功的最後一步，越需要樹立並落實協調發展理念，瞄準薄弱環節和滯後領域，加大對落後地區和弱勢群體的幫扶力度，力求通過補齊短板化解矛盾，在協調發展中拓寬發展空間，在加強薄弱領域中增強發展後勁，在攻堅克難中增強經濟社會發展的平衡性、協調性和可持續性，努力推動形成各區域各領域欣欣向榮的整體性發展新格局，確保如期全面建成小康社會。

1. **堅持協調發展理念，始終把保障和改善民生作為出發點和落腳點，注重扶貧開發的利益協調**。習近平在 2017 年新年賀詞中強調：部分群眾在就業、子女教育、就醫、住房等方面還面臨一些困難，不斷解決好這些問題是黨和政府義不容辭的責任。把解決好貧困地區群眾

---

1 〈中共中央關於制定國民經濟和社會發展第十三個五年規劃的建議〉，《人民日報》2015 年 11 月 4 日。

學有所教、病有所醫、困有所濟、老有所養等一系列民生問題貫穿於整個扶貧工作的全過程，不斷增進貧困地區人民群眾的福祉，實現扶貧開發「以人為本、改善民生」之目的。教育是民生之基，也是防止貧困的代際傳遞、使貧困群眾穩定脫貧的根本之策。要優化教育投入結構，加大財政對貧困農村教育的投入，廣泛動員社會力量，拓寬教育投入渠道。要促進教育資源均衡配置，根據貧困農村的實際，有效優化學前教育、義務教育、普通高中的學校佈局，同時加快發展貧困地區職業教育，有針對性地開展職業技能培訓，拓寬貧困農戶就業門路，增強其自我發展能力。醫療衛生是民生之重。疾病總是與貧窮相生相伴，截至 2016 年初，我國貧困人口中因病致貧的占到近 3000 萬，重大疾病已經成為橫亙在貧困人口脫貧路上最大的「攔路虎」。[1] 要大力開展健康扶貧，進一步加強農村公共衛生服務體系建設，健全貧困地區縣、鄉、村三級醫療衛生服務網，完善貧困地區農村基層醫療衛生設施，加快對農村基層衛生技術人員的培訓力度，進一步鞏固新型農村合作醫療，多措並舉，不斷提高貧困人口的健康生活水準，逐步補齊貧困地區醫療衛生能力短板。社會保障是民生之托，是貧困群眾穩定脫貧的重要手段。必須把扶貧開發與社會保障有效銜接，逐步提高貧困農村的新農合、新農保以及文化教育、醫療衛生服務等水準。在總體上加強貧困農村公共服務保障的同時，有針對性地加強對特困村、特困戶的幫扶，從貧困農民最關心、最直接、最現實的利益問題著手，綜合採取最低生活保障、五保供養、救災、大病醫療救助以

---

1 〈近 3000 萬因病致貧群眾，如何脫貧〉，《新華每日電訊》2016 年 3 月 13 日。

及失業、義務教育、住房等專項救助手段，保障貧困群眾基本生存權利，幫助他們擺脫生存困境。

　　2. 堅持協調發展理念，凝心聚力，整合扶貧資源，形成強大的攻堅合力。2016 年 7 月 20 日習近平在東西部扶貧協作座談會上指出，西部地區特別是民族地區、邊疆地區、革命老區、連片特困地區貧困程度深、扶貧成本高、脫貧難度大，是脫貧攻堅的短板。在脫貧攻堅的關鍵時期，必須樹立全國一盤棋的意識，充分聚合全社會力量，統籌整合各方要素，樹立「大扶貧」的工作理念。這既需要貧困地區自力更生、艱苦奮鬥，也需要發達地區對口幫扶、積極支援，彙聚成中央地方上下聯動、政府部門左右協調、政府社會內外結合，專項扶貧、行業扶貧、社會扶貧等多種舉措有機結合、互為支撐的強大合力，形成橫向聯合、齊抓共管的「大扶貧格局」。在扶貧開發的實踐中，東西部扶貧協作和對口支援，是推動區域協調發展、協同發展、共同發展的大戰略，是加強區域合作、優化產業佈局、拓展對內對外開放新空間的大佈局，是實現先富幫後富、最終實現共同富裕目標的大舉措。[1]寧夏回族自治區銀川市永寧縣閩寧鎮，鎮名取「福建、寧夏合作」之義。從 1996 年起，福建省承擔起對口幫扶寧夏回族自治區的重任，時任省委副書記的習近平擔任福建省對口幫扶寧夏領導小組組長。20 年來，閩寧雙方建立聯席推進、結對幫扶、產業帶動、互學互助、社會參與的扶貧協作機制。雙方堅持把扶貧開發作為重心，把產業協作扶貧作為關鍵，把生態環境改造作為基礎，把激發內生動力作為根本，一年

---

1 〈習近平在東西部扶貧協作座談會上強調　認清形勢聚焦精準深化幫扶確保實效切實做好新形勢下東西部扶貧協作工作〉，《人民日報》2016 年 7 月 22 日。

一度的對口扶貧協作聯席會議從未間斷，一批又一批援寧幹部真心奉獻，數以萬計的閩商在寧創新創業，幾萬寧夏貧困群眾在福建穩定就業，為推動寧夏經濟社會發展發揮了重要作用。[1] 兩省區攜手推進互學互助對口協作的「閩寧模式」，戰勝了「苦瘠甲於天下」的貧困，成為具有代表性、創新性和推廣價值的東西扶貧協作的成功典範。

（三）堅持綠色發展，構築貧困地區生態文明新家園

良好的生態環境，是最公平的公共產品，是最普惠的民生福祉，是可持續發展的基石。十八大以來，我黨洞悉從工業文明到生態文明躍遷的發展大勢和客觀規律，以人與自然和諧共存為價值取向，以綠色低碳循環為主要原則，就推進生態文明建設做出系統的頂層設計與具體部署，並且將其上升到黨和國家發展戰略的高度。十八屆五中全會更是將綠色發展作為「十三五」乃至更長時期我國經濟社會發展的一個基本理念，強調「綠色是永續發展的必要條件和人民對美好生活追求的重要體現。必須堅持節約資源和保護環境的基本國策，堅持可持續發展，堅定走生產發展、生活富裕、生態良好的文明發展道路，加快建設資源節約型、環境友好型社會，形成人與自然和諧發展現代化建設新格局，推進美麗中國建設，為全球生態安全作出新貢獻」[2]，體現了我們黨對我國經濟社會發展階段性特徵的科學把握，推動了馬

---

1 〈習近平在東西部扶貧協作座談會上強調　認清形勢聚焦精準深化幫扶確保實效切實做好新形勢下東西部扶貧協作工作〉，《人民日報》2016 年 7 月 22 日。
2 〈中共中央關於制定國民經濟和社會發展第十三個五年規劃的建議〉，《人民日報》2015 年 11 月 4 日。

克思主義生態文明理論在當代中國的創新發展，將為建設美麗中國插上騰飛的翅膀，實現中華民族永續發展。

藍天白雲、青山綠水是長遠發展的最大本錢，綠色發展是我國經濟持續健康發展的關鍵保障，也是全面建成小康社會的歷史選擇和實現中華民族偉大復興中國夢的重要內容。從「盼溫飽」到「盼環保」，從「求生存」到「求生態」，中國夢，不僅是富強中國夢，也是美麗中國夢。貧困問題和環境問題可謂全面建成小康社會、實現中國夢進程中的兩大瓶頸，貧困地區只有保證了發展的可持續性，才能更好地維護群眾的生存利益，進而幫助他們摘掉貧困帽子。2015 年 11 月，中共中央政治局召開會議審議通過《關於打贏脫貧攻堅戰的決定》，強調要「堅持扶貧開發與生態保護並重」，這是綠色發展理念在扶貧開發領域的一種體現。在全面建設小康社會的攻堅階段，貧困地區必須時時處處以生態為先，萬分珍惜「生態」這個貧困地區最寶貴的資源和最核心的競爭力，以「保護生態環境就是保護生產力，改善生態環境就是發展生產力」的綠色理念為導向，堅持開發與保護並舉，在保護生態中發展，在發展中保護生態，把生態資源優勢轉化為產業優勢和發展優勢，既確保生態涵養又實現產業升級，構築貧困地區「既美又富」的生態文明新家園，使良好生態環境成為貧困群眾生活品質的增長點，共用生態文明成果。

貧困地區發展緩慢的致貧原因各不相同，一些貧困地區由於「欠發展」而擁有了良好的自然生態環境和濃郁的地方人文特色，成為擺脫貧困、尋求發展的寶貴資源。而有的貧困地區的「貧」則與該地區自然環境差密切相關，生態脆弱，人口和經濟承載力差，是造成貧困落後的重要原因。因此必須跳出傳統工業化思路，如果一味強調資源

開發和發展工業經濟，不惜以透支生態服務功能、危害人類健康和犧牲大眾福祉為代價，最終只能陷入「人口貧困—資源開發—環境退化—加速開發—環境惡化—貧困加劇」的惡性循環，帶來環境危機和生態惡化。從地理範圍上看，我國貧困人口的 70% 集中在全國主體功能區規劃中屬於限制和禁止開發的 14 個「連片特困地區」，比如六盤山區、秦巴山區、滇桂黔石漠化區、烏蒙山區等，地質地形條件複雜，自然災害頻發，生態環境脆弱，生存條件惡劣；燕山—太行山區、大興安嶺南麓山區等，則位於湖庫源頭、江河上游，屬於重要的生態功能區，資源開發與環境保護矛盾突出。[1] 同時它們又都屬「老、少、邊、窮」地區，經濟底子差，面臨保護生態與發展經濟雙重壓力，是我國脫貧攻堅戰的「硬骨頭」，兼顧經濟發展與生態改善非常困難。培根說過，只有順從自然，才能駕馭自然。貧困地區要堅守生態底線，以綠色發展理念指導脫貧攻堅戰，大力發展生態產業，激發發展活力、產業潛力和資源支撐力，通過綠色發展後來居上實現經濟起飛，使脫貧致富與生態建設並舉共贏。

1. 立足於貧困地區資源稟賦，探索獨具特色的生態扶貧方式，強化綠色資本的積累。資源稟賦決定發展路徑，貧困地區的資源大多具有獨特性、稀缺性、不可複製性的特點，是參與區域競爭的重要法寶。只有特色才具有生命力和競爭力，貧困地區應跳出傳統的不僅浪費資源而且破壞環境的粗放扶貧思維，力戒毫無特色、人云亦云的「趨同經濟」，堅持綠色發展理念，充分發揮「綠水青山」的比較優勢，走

---

1 何芬、趙燕霞：〈美、日促進集中連片特困地區減貧的經驗借鑒〉，《世界地理研究》 2015 年第 4 期，第 20 ~ 29 頁。

「錯位發展、差異化發展」的反向競爭道路，因地制宜地探索生態扶貧方式，讓貧困人口從生態保護和生態建設中得到更多實惠。對於生態基礎薄弱、環境承受能力差的貧困地區，其脆弱的生態一旦遭到破壞則影響深遠，恢復將十分困難，因此扶貧開發應嚴防未富先汙的情況發生，杜絕任何污染產業進入。要禁止人為過度開發自然資源，強化綠色資本的積累，樹立在扶貧開發中加強生態重建和修復也是資本積累的新理念，把資金、技術投到承擔生態功能的貧困地區，把扶貧資金更多地投向生態建設，通過試點貧困地區生態綜合補償，健全公益林補償標準動態調整機制，支援貧困地區實施新一輪退耕還林、濕地保護與恢復、水生態治理等重大生態工程，加大對滑坡、崩塌、泥石流等地質災害的防治力度。同時以治理髒亂差、人畜分離、垃圾汙水處理、改廁和村莊綠化美化為重點，開展環境整治，推廣農業生產節水、節肥、節藥綠色攻關，實施綠色扶貧開發。

2. 立足於貧困地區發展動力的轉換，推行適應新常態的新型扶貧模式，培育綠色經濟增長點。在致力於消除貧困的過程中，要轉變傳統的主要依靠投資驅動的經濟增長模式，以綠色資源為基礎，發展新興產業，推動農民綠色增收。其一，實施綠色扶貧，促進生態保護與扶貧開發的良性互動，推行適應新常態的新型扶貧模式。要以市場需求為導向，突出特色，選準產業。依託綠色資源生產原汁原味的無污染「土特」農產品，選擇有特色且具有競爭優勢、有一定規模且前景看好的產品，優先培育品牌形成地理標誌產品，倚仗品牌優勢提升產品競爭力，如發展山區林下經濟、有機農業，開展立體生態種養、鄉村生態旅遊業等，加快產業聚集，將資源優勢轉化為經濟優勢，形成「一鄉一業，一村一品」或「多鄉一業，多村一品」，既滿足市場對綠色

產品的消費需求，提高貧困地區農產品的商品化率，又增強貧困農戶發展的內生動力和可持續能力。貧困地區良好的環境不僅能產出有形的質優價高的農產品，發展加工業和旅遊業，還可以在現代高科技條件下充分挖掘其自然生態和人文環境的附加價值，產出一種無形的高品質生活方式，從而延伸出碳匯產業、新型能源產業、環保產業、生態旅遊產業、有機食品產業、養老產業等綠色產業發展，市場前景無限，是未來綠色經濟新的增長點。以福建省為例，生態資源是其最寶貴的資源，生態優勢是其最具競爭力的優勢，全省 23 個省級扶貧開發工作重點縣多數在山區，由於歷史和客觀自然條件原因，發展相對滯後。省級扶貧開發重點縣之一的寧德市屏南縣是全省平均海拔最高的縣之一，生態環境堪稱一流，境內森林覆蓋率高達 75.4%，擁有號稱「世界奇觀、天下一絕」的白水洋地質公園。但囿於交通和資金之約束，長期以來發展嚴重滯後，枉有一片好山好水卻沉寂無名。近年來，屏南堅持綠色發展，鎖定得天獨厚的山水資源，提出建設「高山特色經濟、生態旅遊強縣」的發展思路。2004 年以來，在景區建設方面就投入 5 億多元，打造成世界地質公園、國家 5A 級旅遊景區白水洋·鴛鴦溪，基本實現了「國內一流、世界知名」旅遊品牌創建目標，旅遊收入從 2004 年的 900 萬元增長到 2015 年的近 19.42 億元，直接帶動了群眾就業增收和城鎮建設發展。其二，充分發揮市場在資源配置中的決定性作用，為貧困地區生態產業發展提供動力和支撐。擴寬融資渠道，通過稅費減免和建立綠色銀行、產業發展基金等有針對性的創新融資方法，引導更多資源和社會資金投入生態產業；加快推進交通、水利、能源、信息等各類基礎設施向貧困地區延伸、傾斜，打通其發展生態產業的交通屏障；按照「大眾創業、萬眾創新」的發展理

念，嘗試「互聯網＋生態＋扶貧」的發展思路，通過創建電商孵化基地和構建縣、鄉、村三級電商服務體系，減少貧困地區發展對自然資源的依賴，既有利於改善該地區生態環境，又有助於加快脫貧致富的步子，實現從「弱醜窮」的困難村到「強美富」的示範村的華麗轉身。

　　3. 立足於改善貧困群眾的生產生活環境，實施避災扶貧移民搬遷，堅持搬遷和發展「兩手抓」。對於「一方水土養不起一方人」的生存條件惡劣、生態環境脆弱、自然災害頻發地區的貧困人口，應搬遷到條件比較好的地方定居並重建家園。自 2001 年起，國家安排中央投資組織實施易地扶貧搬遷，按照「先行試點、逐步擴大」的原則，實施範圍由最初的內蒙古、貴州、雲南、寧夏 4 省區擴大到目前的 17 個省份。「十三五」期間，全國建檔立卡貧困人口中有易地扶貧搬遷需求的約 1000 萬人，主要分佈在深山區、石山區、高寒山區、荒漠化地區，其中，西北荒漠化地區、高寒山區約 300 萬人，西南高寒山區、石山區約 400 萬人，中部深山區約 300 萬人。[1] 這種以生態保護為約束的貧困治理，既減少對環境的人為破壞，又能有效改善貧困群眾的生產生活條件。生態移民是貫徹落實綠色發展理念的具體措施，也是實施精準扶貧、精準脫貧的有力抓手和全面建成小康社會、跨越中等收入陷阱的關鍵舉措。要堅持搬遷和發展「兩手抓」，尊重農民群眾意願，因地制宜地在移民新村、小城鎮、鄉村旅遊區等集中安置，或採取插花等方式分散安置，或通過進城務工、投親靠友等方式自行安置。要把生態移民工作與新型城鎮化和農業現代化緊密結合，支持搬遷群

1　林火燦：〈「十三五」有近千萬人需易地扶貧搬遷〉，《經濟日報》2015 年 11 月 17 日。

眾發展特色種養產業，加強培訓，提高搬遷群眾就業能力，改善移民安置區基礎設施和公共服務，妥善解決搬遷群眾的居住、看病、上學等問題，統籌謀劃安置區產業發展與群眾就業創業，確保搬遷移民「搬得出、穩得住、有事做、能致富」，逐步融入當地社會，使其生活有改善、發展有前景。

（四）堅持開放發展，開創貧困地區合作拓展新局面

「改革開放只有進行時、沒有完成時」，從設立經濟特區到「一帶一路」建設，中國開放的步伐未曾停頓。黨的十八屆五中全會提出的開放發展理念，強調「開放是國家繁榮發展的必由之路。必須順應我國經濟深度融入世界經濟的趨勢，奉行互利共贏的開放戰略，堅持內外需協調、進出口平衡、引進來和走出去並重、引資和引技引智並舉，發展更高層次的開放型經濟，積極參與全球經濟治理和公共產品供給，提高我國在全球經濟治理中的制度性話語權，構建廣泛的利益共同體」[1]，準確把握了當今國際和國內發展大勢，直面我國對外開放中的突出矛盾和問題，體現了我們黨對經濟社會發展規律認識的深化。開放發展帶動創新、推動改革、促進發展，是創新、協調、綠色、共用發展的重要支撐，是聯通國內國際的紐帶橋樑，是全面深化改革的動力源和試驗場。開放發展理念基於我國改革開放成功經驗的歷史總結，要求既立足國內，充分發揮我國資源、市場、制度等優勢，又更好地

---

1 〈中共中央關於制定國民經濟和社會發展第十三個五年規劃的建議〉，《人民日報》
　2015 年 11 月 4 日。

利用國際國內兩個市場、兩種資源，解決的是發展的內外聯動問題，是拓展經濟發展空間、提升開放型經濟發展水準的必然要求，也是推進現代化、走向繁榮的必由之路。

　　開放出眼界，眼界決定境界，扶貧不能只盯著幾畝山田，應該把眼光投向大山以外的廣闊天地。早在 20 多年以前，習近平在閩東工作期間就對開放和扶貧的辯證統一關係進行過深刻闡述。在《正確處理閩東經濟發展的六個關係》一文中他指出：「開放和扶貧對閩東來說，出發點和歸宿都是為了商品經濟的發展，所以都應統一於商品經濟規律的運動之中。」認為扶貧和開放有一定差異，但在貧困地區發展道路上，兩者又是辯證統一的。「開放和扶貧彼此融合」，體現在貧困地區要以敢為人先的開放意識推動扶貧開發，「不要怕家底窮」，在扶貧的道路上開放創新，既要「引進來」又要「走出去」，與發達的區域接軌，大膽亮出家底，以一個「學生」的身份虛心學習發達地區的發展思路和發展模式；「開放和扶貧相互依存，互相促進，扶貧的成果將是開放的新起點，開放將使扶貧工作邁向新臺階」[1]，強調的是開放和扶貧彼此融合，相互依存，相互促進，要用扶貧的成果作為開放的第一資本，扶貧成果提升了，貧困地區的經濟條件、基礎設施等軟環境的品質將得以提高，進而可以增加招商引資的吸引力；開放水準提高，貧困地區的社會資源將得到有效開發，群眾的就業率將提高，進而增加社會經濟總量，就有更多資金投入扶貧工作中，增強發展生機和活力，形成良性循環。在《鞏固民族大團結的基礎——關於

---

1 習近平：《擺脫貧困》，福州：福建人民出版社 2014 年版，第 97 頁。

促進少數民族共同繁榮富裕問題的思考》一文中，習近平以閩東佘族地區為例進一步論述了扶貧與開放的辯證關係。他認為，由於傳統的原因和客觀因素的制約，少數民族地區經濟發展水準較低，科技力量薄弱，交通運輸不便，人才短缺，但自然資源十分豐富；非少數民族地區經濟發展水準較高，科技力量雄厚，交通運輸便利，人才濟濟，但自然資源相對匱乏。這樣一種反差，決定了閩東佘族地區的發展要走一條資源和市場同時開發的「雙向開發」和對內、對外同步開放的「雙向開放」道路：一方面積極參與本地區和沿海經濟發達地區的市場競爭，加強外引內聯，大力引進信息、資金、技術和人才，進行優勢互補；另一方面，積極參與國際市場的競爭和交換，努力發展外向型經濟，促進本地區經濟的全面發展。[1] 在習近平擔任中共寧德地委書記期間，寧德地區一方面大力開發「山海田」資源，開闢與之相關的加工工業和第三產業，推動農村商品經濟的發展；另一方面開發市場，開拓商品流通渠道，根據市場需要努力發展種植業、養殖業和與之配套的加工業，為農村特別是佘族地區勞動力提供更大的用武之地。

古今中外的發展實踐證明，開放帶來進步，封閉導致落後。回顧發展歷程，我們不難發現，正是以改革開放為導向的經濟體制改革，用實際行動、用中國速度發出了開放發展的最強音，有力推進了中國農村和貧困地區的發展，成就了貧困人口減少 7 億的經濟奇跡，貧困程度大大減輕，為全面建成小康社會打下了堅實基礎。而今，比較容易脫貧的人口都已基本脫貧，面對剩下的難啃「硬骨頭」，貧困治理更需

---

1 習近平：《擺脫貧困》，福州：福建人民出版社 2014 年版，第 121、122 頁。

要堅定開放發展理念，堅持開放和扶貧彼此融合，凝聚開放的共識、增強開放的自信、厘清開放的思路，開創貧困地區合作拓展新局面。

1. 破窮障

　　堅持開放發展，集中所有力量和智慧打好扶貧攻堅戰。與發達地區相比，貧困地區開放發展的規模和層次還處於較低階段，開放型經濟的總體水準不高。開放發展著重解決的是發展的內外聯動問題，歷史和現實都一再證明，開放是經濟欠發達地區實現跨越發展的捷徑。貧困地區在扶貧開發中必須破除「等、靠、要」的思想障礙，主動更新發展觀念，將開放意識和合作意識根植於扶貧開發的全過程，增強接觸外部事物的膽量、接收外部經驗的度量和接納外部人才的容量，強化開放發展，形成以開放促發展的共識。合作是開放發展的核心，要充分利用兩個市場、兩種資源，進一步拓展開放合作空間，堅持走出去學習借鑒好的經驗做法，只要能為我所用，就要虛心學習，誠心合作；同時將發達地區的產業、資金、管理、技術、人才等請進來，加大與比鄰地區及更遠更廣地區的合作，優勢互補，借他方優勢助自身發展，由此激發各種要素活力，增強貧困地區發展的內生動力，在開放合作中不斷提升發展品質，集中所有力量和智慧打好這場脫貧攻堅戰。

2. 拔窮根

　　堅持開放發展，引進先進發展模式和現代科技手段提升扶貧開發

的成效。區位優勢弱、基礎條件差是制約貧困地區脫貧致富的主要因素。貧困農村應通過與企業的合作，建立健全「基地＋合作組織＋涉農企業＋貧困農戶」等產業發展利益連結機制，實現企業、村集體、農戶三方利益共贏。在扶貧開發中運用大數據，重視「互聯網＋」扶貧方式。許多貧困地區的環境、資源獨具特色，卻養在深山人未識。互聯網時代，扶貧開發要加大電商扶貧力度，搭建電商交易平臺，推行「互聯網＋」下的代銷、自銷等新模式，下大力氣提高廣大農戶議價、定價和運用市場機制增收致富的能力與水準，解決農村綠色有機的特色農產品信息採集和物流配送問題，支持快遞等新業態。通過「互聯網＋」，可以把貧困地區的青山綠水、歷史遺跡、人文風情推廣到海內外，吸引更多人走進貧困地區，為老少邊窮地區集聚起人氣，帶來活力；通過「互聯網＋」，可以發佈貧困村、貧困戶的需求，對接網上經濟較為發達地區熱心公益之人，「互聯網＋扶貧」不僅為貧困地區帶來巨大的經濟效益，而且帶來顯著的扶貧開發社會效益。地處黔東北武陵山區的銅仁是貴州省貧困人口最多、貧困程度最深的地區之一，是武陵山片區區域發展與扶貧攻堅示範區。該市搶抓大數據產業發展的新機遇，推動農業與互聯網有效銜接，從 2014 年起開始發展農村電商，至 2015 年年底，全市電商企業 680 多家，網店總數 1620 多家，阿里巴巴村淘 500 多家，全市電子商務進出包裹 1000 多萬個，交易額 1800 億元，帶動就業人數 3.6 萬人，發展前景廣闊，成為脫貧攻堅的利器。[1]

---

1 牛志男：〈五大發展理念語境下民族地區如何發力〉，《中國民族》2016年，第 8 ~ 11 頁。

3. 鑄合力

堅持開放發展，形成全社會脫貧攻堅的濃厚氛圍。當前，扶貧開發到了攻克最後堡壘的階段，所面對的多數是貧中之貧、困中之困，不能就扶貧抓扶貧，而應把其看作一個開放的系統，引導社會組織、企業、個人多元主體參與扶貧，構建起大扶貧大決戰的格局。一是打造大扶貧格局。發揮各級黨組織「總攬全域、協調各方」的領導核心作用，整合各種資源，上下總動員，列出時間表，立下軍令狀，下好任務書，打好攻堅戰。發揮政府投入在扶貧開發中的主體作用，通過規劃引領、專案帶動、載體支撐，不斷改善貧困地區基礎設施，加快破除發展瓶頸制約。堅持多管齊下、廣泛參與、協同推進，深化區域合作，推進貧困地區招才引智，實現互利共贏，形成政府、市場、社會互為支撐，專項扶貧、行業扶貧、社會扶貧「三位一體」的大扶貧格局。二是營造合力攻堅氛圍。眾人拾柴火焰高，要整合社會扶貧資源，健全社會力量參與機制，鼓勵各類企業到貧困地區捐資捐助、投資興業、開展培訓、吸納就業；支持民主黨派、工商聯、群眾團體、大專院校、駐地部隊以及個人以多種形式參與扶貧開發，引導社會愛心人士與貧困戶開展「一對一」幫扶；整合扶貧智力資源，選拔一批專業技術人員到貧困地區創業發展，加大鄉土人才培育，鼓勵外出優秀人才回鄉創業，最大限度釋放人才紅利，讓社會扶貧人人皆願為、人人皆可為。構建社會扶貧信息網絡，鼓勵有條件的企業設立扶貧公益基金和開展扶貧公益信託，增進企業輻射帶動貧困戶增收的能力，形成全社會關注扶貧、參與扶貧、支持扶貧的濃厚氛圍。比如貴州作為全國 11 個連片特殊困難地區扶貧攻堅示範區之一，萬達集團幫扶貴

州省黔東南州丹寨縣、恒大集團幫扶貴州省畢節市大方縣，成為當地政府以開放的胸襟吸引企業投資造血拉動發展、精準扶貧的楷模，為貧困地區吸引民營企業參與共建提供了寶貴借鑒，實現社會幫扶資源和精準扶貧有效對接，最大限度釋放扶貧濟困的社會正能量，彙聚成戰勝貧困的強大合力。

（五）堅持共用發展，順應貧困地區人民生活新期待

對共同富裕、共用發展，我們黨既有豐富的實踐探索成果，也不乏豐碩的思想認識成果。黨的十八屆五中全會把「共用」作為「五大發展理念」之一，非常鮮明地體現了中國共產黨發展觀的指向性和目的性。「共用是中國特色社會主義的本質要求。必須堅持發展為了人民、發展依靠人民、發展成果由人民共用，作出更有效的制度安排，使全體人民在共建共用發展中有更多獲得感，增強發展動力，增進人民團結，朝著共同富裕方向穩步前進。」[1] 共用發展理念不僅體現了我們黨全心全意為人民服務的根本宗旨和推動經濟社會發展的根本目的，也體現了社會主義的本質要求，是我們黨立黨為公、執政為民理念的嶄新表述。共用發展要解決的是社會公平正義問題，要確保人民創造的財富不能由少數人去獨享，更不能讓少數既得利益者去獨佔，而必須由人民來共用，使全體人民在共建共用發展中有更多獲得感、受益感。

---

1 〈中共中央關於制定國民經濟和社會發展第十三個五年規劃的建議〉，《人民日報》2015 年 11 月 4 日。

　　作為新發展理念的出發點和落腳點，共用發展解決的是「為誰發展」的問題。堅持共用發展，以人民利益為導向，不斷增進人民福祉，最終實現共同富裕，是全面建成小康社會的終極目標之所在。共用不只是理想，而有著實實在在的內容。「十三五」期間讓貧困地區人口擺脫貧困，是現階段實現共用發展的底線和最基本要求，可謂是建成全面小康的「最後一公里」。面對這一艱巨而緊迫的任務，決勝全面建成小康社會，必須堅持共用發展理念，以消除貧困為首要任務，以改善民生為基本目的，以實現共同富裕為根本方向，人人共建、人人共用，不丟掉一個民族、一個地區，不讓一個人掉隊，尤其要讓貧困地區和貧困人口甩掉貧困帽子，順應貧困地區人民生活新期待。

　　如果把全面小康比作一幅壯美的畫卷，那麼民生就是其中最厚重的底色，共用則是最溫暖的主題。改革開放以來，我國在經濟顯著增長的同時，社會發展也取得巨大進步。特別是黨的十八大以來，在以民為本的執政理念指導下，大力推進保障和改善民生，通過實施惠民工程，發展成果更多更公平地惠及廣大人民。成績是舉世矚目的，問題也是現實存在的，目前仍存在的幾千萬農村貧困人口是共用發展最難啃的「硬骨頭」，脫貧攻堅任務依然十分艱巨。為了打贏這場輸不起的攻堅戰，必須把共用發展貫穿於脫貧攻堅全過程，多謀民生之利，多解民生之憂，把共用發展理念轉化為發展實踐，通過更有效的制度安排，注重補齊短板，向貧困發起總攻，向小康全面推進，使貧困群眾在共建共用發展中有更多獲得感，確保全體人民共同邁入小康社會。

1. 堅持共用發展，真正把精準扶貧方略落到實處

如何打贏脫貧攻堅戰，全面建成小康社會，事關幾千萬貧困人口的福祉。十裡不同風，百里不同俗，貧困問題既有共性，也有差異性，致貧原因不盡相同，幫扶措施也有所不同，用共用的發展理念擺脫貧困，不能「眉毛鬍子一把抓」，而要從實際出發，尊重群眾意願，「一把鑰匙開一把鎖」當前扶貧脫貧已進入攻堅克難的關鍵階段「灌水式」「輸血式」的傳統扶貧模式難以為繼，必須把精準扶貧、精準脫貧貫穿於扶貧開發全過程和各方面。堅持精準識別，要找準找實貧困戶，摸清家底，根據貧困戶家庭人口以及所在地氣候條件、環境因素、產業特點等實際情況，找到「貧根」，靶向治療，扶到點上、根上，才能讓貧困群眾真正得到實惠。堅持精準扶貧，注重「六個精準」，即扶持對象精準、專案安排精準、資金使用精準、措施到戶精準、因村派人精準、脫貧成效精準，確保各項政策好處真正落到扶貧對象身上。堅持精準脫貧，大力實施以「萬戶增收、萬戶脫貧、萬人供養」為內容的「三萬工程」，通過產業扶持、轉移就業、易地搬遷、教育支持、醫療救助、社保兜底等措施，確保如期實現「所有農村貧困人口全部脫貧、所有貧困縣全部摘帽」的「兩個所有」。

2. 堅持共用發展，充分發揮比較優勢，找準發展路子

扶貧開發的核心在於抓牢發展這個第一要務，在政策層面給予積極支援，加大產業扶貧力度，因地制宜地策劃好專案載體，確保貧困地區有主導產業、貧困村貧困戶有增收專案、貧困勞動力有就業崗

位，促進脫貧攻堅與經濟增長齊頭並進。一是大力發展特色產業。對於具備一定發展條件的貧困村，立足當地資源稟賦、產業基礎和市場需求，有針對性地做大做強特色產業，宜工則工、宜農則農、宜商則商、宜游則遊。二是積極發展勞務經濟。對勞動力就業不足的貧困戶，加大勞動技能培訓力度，切實增強培訓的實效性，提高其就業能力。支援家政服務、物流配送、養老服務等具有市場前景的產業發展，拓寬勞動力外出就業空間，引導勞務輸出脫貧。加大對貧困地區農民工返鄉創業政策扶持力度，幫助零就業貧困家庭實現就業，穩定脫貧。三是探索資產收益脫貧。推行「政府＋龍頭企業＋合作社＋貧困戶」模式，帶動貧困戶增收。賦予土地被佔用的村集體礦產資源開發股權，探索將財政資金和其他涉農資金投資形成的資產折股量化給貧困村和貧困戶。

3. 堅持共用發展，為困難群眾提供最基本的生活保障

推動共用發展，就是要在民生建設領域不斷有所作為、有所突破，切實回應人民群眾的生產生活需要，尤其是在扶貧開發中為貧困人口提供最基本的生活保障，使其平等享受改革發展的成果，讓全面建成小康社會不留死角。一是斬斷貧困代際傳遞根源。改善貧困地區農村義務教育學校辦學條件，推動城鄉之間教師的合理流動和對口支援。努力辦好貧困地區特殊教育和遠端教育，加大對貧困家庭大學生的救助力度。加強貧困地區科技文化知識的普及和培訓，推進公共文化服務均等化。二是提升醫療服務水準。推進貧困地區基層醫療機構建設和人才引進培養，加大醫療救助、臨時救助、慈善救助等幫扶力

度，將貧困人口全部納入重特大疾病救助範圍，擴大納入基本醫療保險範圍的殘疾人醫療康復項目。三是推進兜底脫貧全覆蓋。對無法通過產業扶持和就業幫助實現脫貧的家庭實現政策性保障兜底，做到動態管理，應保盡保。提高農村特困人員供養水準，實現扶貧線和低保線「兩線合一」，加強兒童福利院、救助保護機構、特困人員供養機構、殘疾人康復托養機構等服務設施和隊伍建設。全面建成小康社會，民族地區的農牧區、山區的貧困問題更是急需補齊的短板。從 2014 年起，內蒙古啟動實施 3 年投入 1000 億元的「十個全覆蓋」工程，主要包括危房改造、安全飲水、街巷硬化、電力村村通和農網改造、村村通廣播電視和通信、校舍建設和安全改造、標準化衛生室建設、文化室建設、便民連鎖超市、養老醫療低保。目前已完成投資 886 億元，84.4% 的行政嘎查村完成建設改造任務。[1] 工程的全面實施，迅速改變了農村牧區落後面貌，拉動了經濟增長，促進了農牧民增收，各族群眾有更多獲得感，追求和期盼美好生活的勁頭必然轉化為爭取更多發展成果、實現自身更大利益的行動，從而形成推動實現全面小康的不竭動力。

---

1 牛志男：〈五大發展理念語境下民族地區如何發力〉，《中國民族》2016 年第 4 期，第 8 ~ 11 頁。

第三章

精準扶貧：擺脫貧困奔小康的基本方略

　　隨著脫貧攻堅的深入開展，全面建成小康社會的目標越發明確。習近平總書記指出農村貧困人口如期脫貧、貧困縣全部摘帽、解決區域性整體貧困，是全面建成小康社會的底線任務。[1]當前我國扶貧開發已經從解決溫飽為主要任務的階段轉入鞏固溫飽成果、加快脫貧致富、改善生態環境、提高發展能力、縮短發展差距的新階段。以習近平同志為核心的黨中央牢牢把握我國發展的階段性特徵，牢牢把握人民群眾對美好生活的嚮往，在脫貧致富的攻堅戰中提出「精準扶貧」這一基本方略。堅持精準扶貧，精準脫貧，並將其作為當前中央實施脫貧攻堅的重要戰略和脫貧工作的方向標，成為全面建成小康社會

---

1 〈習近平在中共中央政治局第三十九次集體學習時強調　更好推進精準扶貧精準脫貧　確保如期實現脫貧攻堅目標〉，《人民日報》2017 年 2 月 23 日。

決勝階段扶貧工作的重要機制，也是促使落後地區、困難群眾擺脫貧困、全面實現小康社會、實現第二個百年奮鬥目標的重要戰略。

一、精準扶貧的內涵和特點

（一）精準扶貧的內涵與提出

2013 年，中共中央印發了《關於創新機制扎實推進農村扶貧開發工作的意見》，正式闡明精準扶貧的扶貧工作機制，文件指出：「建立精準扶貧工作機制。國家制定統一的扶貧對象識別辦法。各省（自治區、直轄市）在已有工作基礎上，堅持扶貧開發和農村最低生活保障有效銜接，按照縣為單位、規模控制、分級負責、精準識別、動態管理的原則，對每個貧困村、貧困戶建檔立卡，建設全國扶貧信息網絡系統。專項扶貧措施要與貧困識別結果相銜接，深入分析致貧原因，逐村逐戶制定幫扶措施，集中力量予以扶持，切實做到扶真貧、真扶貧，確保在規定時間內達到穩定脫貧目標。」其含義就是，要通過信息系統使扶貧政策和措施針對真正的貧困家庭和人口，且對貧困人口的幫扶應是有針對性的，從根本上消除導致貧困的各種因素和障礙，最終使貧困人口擺脫貧困。國務院還先後出臺了《建立精準扶貧工作機制實施方案》《扶貧開發建檔立卡工作方案》等精準扶貧實施方案。

十八大以來，黨和政府為扶貧機制創新做了大量的實踐探索和實地調研，精準扶貧工作機制便是在不斷探索中被提出並完善的。十八

屆三中全會前夕，習近平在地處武陵山區中心地帶的湘西土家族苗族自治州考察時指出：扶貧要實事求是，因地制宜。要精準扶貧，切忌喊口號，也不要定好高騖遠的目標。首次提出精準扶貧這一概念。隨後習近平先後到內蒙古、福建、雲南、貴州考察時都結合當地扶貧開發的具體實際提及要精準扶貧。在 2015 年 6 月召開部分省區市黨委主要負責同志座談會時，習近平進一步細化了精準扶貧的內涵和實施步驟。在 2015 年年底舉行的減貧與發展高層論壇中，習近平做了主旨發言，闡述精準扶貧應重點實施的領域及具體做法。2015 年 11 月習近平在中央扶貧開發工作會議上系統闡述了精準扶貧的機制構建，明確了精準扶貧的目的意義和「扶持誰」「誰來扶」「怎麼扶」一系列具體做法，將精準扶貧作為新時期扶貧工作的重要方略。精準扶貧是以習近平同志為核心的黨中央積極探索的產物，是深入基層群眾進行調研的體現民生民情的扶貧方略。2017 年習近平在中共中央政治局第三十九次集體學習時強調，要更好推進精準扶貧精準脫貧，確保如期實現脫貧攻堅目標。進一步提出了精準扶貧、精準脫貧的一系列要求，包括要加大扶貧勞務協作以解決就近就業問題，要落實教育扶貧和健康扶貧政策，加強交通扶貧、水利扶貧、金融扶貧、教育扶貧、健康扶貧等扶貧行動，對扶貧小額信貸、扶貧再貸款等政策要求要突出精準。

（二）精準扶貧蘊含著豐富的辯證思維

　　總結精準扶貧的特點，可歸納為內涵豐富的辯證思維，即將唯物辯證法的思維方式植入精準扶貧機制的探索中。辯證思維是在客觀與

主觀、實踐與認識的矛盾運動中產生的，精準扶貧機制恰恰符合這樣的思維規律。習近平多次強調要學習辯證唯物主義的基本原理和方法論，強調在扶貧工作中要善於運用辯證思維謀劃經濟社會發展，精準扶貧工作機制就蘊含著豐富的辯證思維。精準扶貧體現的辯證思維，主要為「精」與「準」的辯證統一、統一性與靈活性的辯證統一、傳承性與創新性的辯證統一、以人為本與科學發展的辯證統一。

1.「精」與「準」的辯證統一

精準扶貧的工作機制貴在「精準」二字。「精」，體現在統籌部署、精密安排，將其作為實現共同富裕、全面建設小康社會的重要戰略，沒有好高騖遠的目標，而是對扶貧的頂層設計、總體佈局和工作機制進行詳盡規劃，從政策和制度的層面上明確扶貧的推進步驟，避免形象工程，做到看真貧、扶真貧、真扶貧。「準」，體現在目標的準確，涉及扶貧瞄準機制。1986 年開始實施開發式扶貧戰略以來，中國的扶貧瞄準機制一直在調整。1986 年，國家以貧困縣為扶貧瞄準目標載體。2001 年，國家提出「扶貧要到村到戶」。精準扶貧通過建檔立卡更是將扶貧切實落實到每一個貧困戶。精準扶貧從「精」和「準」兩個方面切入，點面結合，確保扶貧工作的準確落實。

2. 統一性與靈活性的辯證統一

精準扶貧工作要求中央國家部委、省市機關事業單位、中央和國家企業等都積極參與，充分體現了黨和政府對「十三五」時期精準扶

貧工作的重視。習近平強調：「中央要做好政策制定、專案規劃、資金籌備、考核評價、總體運籌等工作，省級要做好目標確定、專案下達、資金投放、組織動員、檢查指導等工作，市縣要做好進度安排、專案落地、資金使用、人力調配、推進實施等工作。」[1] 中央的政策統一性確保了在全國範圍內實施扶貧的強度。習近平還強調基層組織在扶貧工作中的作用，強調要建設好農村黨支部，增強農村黨組織的凝聚力，加強脫貧第一線的核心力量。[2] 隨著精準扶貧進一步深入開展，習近平強調幹部群眾是脫貧攻堅的重要力量，貧困群眾既是脫貧攻堅的對象更是脫貧致富的主體。[3] 精準扶貧進一步創新了社會參與機制，通過政策、資金扶持，廣泛動員社會各方面力量參與，鼓勵引導各類企業、社會組織和個人以多種形式參與，鼓勵各級、各地因地制宜靈活開展精準扶貧工作。

3. 傳承性與創新性的辯證統一

中國的扶貧工作始終是重點工作，政策機制在實踐中不斷更新，精準扶貧工作機制充分體現了對以往扶貧政策的傳承，並且在此基礎上針對扶貧開發現狀不斷創新工作機制。2011 年頒佈《中國農村扶貧開發綱要（2011—2020）》，標誌著中國扶貧開發進入新的歷史時期。

---

1 〈習近平在部分省區市黨委主要負責同志座談會上強調　謀劃好「十三五」時期扶貧開發工作　確保農村貧困人口到2020年如期脫貧〉《人民日報》2015年6月20日。

2 習近平：《擺脫貧困》，福州：福建人民出版社 2014 年版，第 160 頁。

3 〈習近平在中共中央政治局第三十九次集體學習時強調　更好推進精準扶貧精準脫貧　確保如期實現脫貧攻堅目標〉，《人民日報》2017 年 2 月 23 日。

十八屆三中全會首次提出「創新社會治理」的要求，精準扶貧機制便是「創新社會治理」的具體體現，是新的歷史階段推動貧困治理有效性的創新性舉措。其創新並非脫離歷史的創新，而是延續 1986 年以來實施的開發式扶貧戰略，探索更為符合當前實際且更為精準的扶貧機制，如對扶貧和相關涉農資金的管理，就是基於《國家八七扶貧攻堅計畫》之上，對其進行信息化、動態化、一體化的提升，把「大水漫灌」變成「精準滴灌」，確保財政扶貧資金使用更加精準更加有效。

4. 以人為本與科學發展的辯證統一

精準扶貧的科學性，體現在因其「精準」的目標，決定其政策遵循因地制宜，突出特色，培育競爭優勢。習近平強調精準扶貧要「從實際出發，因地制宜，把種什麼、養什麼、從哪裡增收想明白，幫助鄉親們尋找脫貧致富的好路子」，要「做好特色文章，實現差異競爭、錯位發展」。習近平還強調：「要堅持因人因地施策，因貧困原因施策，因貧困類型施策，區別不同情況，做到對症下藥。」[2] 在科學地進行扶貧的過程中，也無時無刻不體現著以人為本的思想。習近平強調要更多面向特定人口、具體人口，實現精準脫貧，防止平均數掩蓋大多數。精準扶貧關注真正貧困的群眾安危，也關注容易被忽視的農牧區、邊境地區、少數民族地區以及曾經為國家做出重要貢獻的革命老區的人

---

1 〈習近平論扶貧工作〉，《紅旗文摘》2016 年第 2 期，第 1～3 頁。

2 〈習近平在部分省區市黨委主要負責同志座談會上強調　謀劃好「十三五」時期扶貧開發工作　確保農村貧困人口到 2020 年如期脫貧〉，《人民日報》2015 年 6 月 20 日。

民。習近平指出，扶貧資源要用在刀刃上，針對農牧區、邊境地區和少數民族地區等重點區域，「實行特殊政策，打破常規，特事特辦」。[1]精準扶貧是差別化的扶貧，精準扶貧的政策是「精準識別到戶到人」「分類動態管理到戶到人」「結對幫扶到戶到人」「產業扶持到戶到人」，真真切切體現以人為本。

二、精準扶貧是扶貧攻堅的成敗之舉

習近平指出，扶貧開發貴在精準，重在精準，成敗之舉在於精準。這一觀點是對精準扶貧的必要性和重要性的高度概括。當前我國的扶貧工作已經進入了一個新階段。要想實現全面小康，首先必須有效識別扶貧對象，防止平均數掩蓋大多數，實施精準滴灌式扶貧。其次，精準扶貧是實現高效扶貧的前提和基礎，有助於實現扶貧資源的高效利用。

（一）精準扶貧是推進當前扶貧工作的重要政策

精準扶貧作為一種科學的扶貧政策，是決定扶貧攻堅成敗的重要策略。從現實層面來看，它順應了時代發展要求；從實踐方面來看，它在對國內外扶貧工作經驗的總結、反思和借鑒中產生。因此必須充分認識精準扶貧的必要性，從而提升工作實效。

---

1 〈習近平在第二次中央新疆座談會上強調　堅持依法治疆團結穩疆長期建疆　團結各族人民建設社會主義新疆〉，《人民日報》2014 年 5 月 30 日。

1. 精準扶貧是對時代發展要求的現實回應

精準扶貧是對我國經濟新常態的積極適應。現階段我國經濟進入新常態，對扶貧工作產生了一系列影響，精準扶貧的提出適應了這一變化，並逐步發展為國家政策。經濟新常態是指發展方式與經濟體系的一種系統性轉變，主要包括增長形態、動力機制、發展主體等，是整個社會經濟發展形態的實質性變革。經濟新常態下，各項工作都需要與之相適應並相互推進。因此，我國的扶貧工作根據時代發展的變化，進入了強調精準化的階段，無論是扶貧理念、扶貧行為，還是扶貧結果，都充分適應經濟新常態下的新變化、新態勢。

經濟新常態對扶貧開發工作的影響十分深遠。其一，在這一新常態下，我國總體發展戰略提升，「四個全面」戰略佈局提出，對我國經濟社會發展的方方面面提出了新的要求。扶貧工作與國家經濟發展緊密相關，只有通過精準扶貧來提升扶貧工作的效果，才能更好地推進扶貧工作進入新常態，適應新常態。其二，當前我國經濟發展的總體速度趨緩，而隨著產業結構的調整以及發展動力的不斷創新，市場競爭會變得日益激烈，同時也會變得更加規範。政府和市場的關係在良性發展的軌道上前進，政府的職責明確，市場起決定作用，二者都日漸發揮精準的作用。精準扶貧正是適應了這種變化。

2. 精準扶貧是對共用發展理念的實踐遵循

「共用」是「十三五」規劃中提出的重要理念，主要針對發展的目標對象，解決的是「為了誰而發展」的問題。只有通過扶貧進而實

現脫貧，才能真正實現共用發展，因此扶貧工作的成效關乎發展的目標和成效，精準扶貧正是對這一理念的遵循和有力實踐。

精準扶貧，精準脫貧，實現共用，體現了中國特色社會主義的本質。習近平指出：如果貧困地區長期貧困，面貌長期得不到改變，群眾生活長期得不到明顯提高，那就沒有體現我國社會主義制度的優越性，那也不是社會主義。扶貧工作關係著能否切實增進人民福祉。改革開放以來我國的扶貧開發工作取得了良好的成效，形成了中國經驗和中國特色的扶貧模式。只有繼續堅定不移地推進中國特色扶貧開發事業，才能不斷增強貧困群眾的獲得感和幸福感，展示和證明黨的領導和中國特色社會主義制度的優越性。

3. 精準扶貧是在國內扶貧開發工作實踐中形成的

我國大規模的扶貧工作主要開始於改革開放後，國家在探究扶貧模式和確定扶貧對象方面進行了多種嘗試，經歷了多次轉變。30 餘年的扶貧歷程先後經歷了大幅度減貧、大規模開發式扶貧、扶貧攻堅、新世紀綜合扶貧開發等四個階段的發展變化。[1] 為了更好地指導扶貧實踐，相繼頒佈了《關於說明貧困地區儘快改變面貌的通知》《關於儘快解決農村貧困人口溫飽問題的決定》《關於進一步加強扶貧開發工作的通知》《國家八七扶貧攻堅計畫》《中國農村扶貧開發綱要（2001—2010 年）》《中國農村扶貧開發綱要（2011—2020 年）》《關於創

---

1 楊占國、于躍洋：〈當代中國農村扶貧 30 年（1979—2009）述評〉，《北京社會科學》2009 年第 5 期，第 80～87 頁。

新機制扎實推進農村扶貧開發工作的意見》等七個文件，對扶貧開發工作的基本方針、目標意義和內容途徑等進行了明確規定。

在實踐中，我國的扶貧注重針對性和有效性。在確定扶貧對象方面，80年代主要針對縣級貧困區域，2001年將重點轉向了全國15萬個村級貧困區域，2011年國家則劃定了14個集中連片特困地區進行重點扶貧。這種以區域為對象所推進的扶貧工作，能夠在短期內集中政策和資金資源，有助於改善發展的基礎條件，有助於讓有能力的貧困人口儘快脫貧。但是需要注意的是，我國農村至今仍有幾千萬人口需要脫貧，社會資源配置需要新的思考新的論斷。習近平所提出的精準扶貧，則是創造性地將扶貧對象由原來的大規模大幅度的行政區域轉向了更加精準的貧困家庭和貧困人口。在探索扶貧開發的實踐中，我國創造性地形成了諸如「救濟式扶貧」「開發式扶貧」「參與式扶貧」等多種扶貧方式，扶貧目標也由「保生存」逐步轉變為「保生態、促發展、惠民生」。從這些轉變中能夠得到一個重要的經驗啟示，即我國的扶貧工作已經逐步精細化，建立了自己的瞄準機制，從而能夠提高扶貧的針對性和實效性。

（二）精準扶貧是化解扶貧工作困境的有力舉措

當前我國的精準扶貧進入深化細化推進期，習近平在貴州召開的部分省區市黨委主要負責同志座談會上提出的扶貧工作「六個精準」，是對前期「四個精準」的深化和拓展，更是對精準扶貧內涵的豐富。我國的精準扶貧已經取得了一定成績，但仍存在很多難點和挑戰。

1. 現階段精準扶貧工作的突出成績

其一是湧現了一批各具特色的精準扶貧、精準脫貧的創新模式。在精準扶貧、精準脫貧新戰略下，各省市縣鄉鎮根據自身條件和優勢，創新和探索了很多不同特色的精準扶貧、精準脫貧模式。例如，在廣東「雙到」模式、陝西「三五」模式、江蘇「分類精準扶貧」等基礎上，2015 年全國又出現了諸如貴州的「四看」精準識別法，甘肅省的「六精準」和「1+17」扶貧模式及貧困縣村戶脫貧「191712 標準」等新舉措、新方式。

其二是在全國範圍內基本建立起精準扶貧、精準脫貧的制度體系，增強扶貧工作的針對性，提升扶貧工作的科學性。自《關於創新機制扎實推進農村扶貧開發工作的意見》發佈以來，全國各省市自治區均根據自身實際制定了落實該項政策文件的省級、縣級文件，精準扶貧各項制度體系初步形成，為精準扶貧的機制建立奠定了良好的制度基礎，有利於各地因地制宜開展具有地方特色的扶貧工作，增強扶貧能力。

其三是精準識別工作順利完成，在提升扶貧對象精準度的同時提高了幫扶資金和幫扶專案的精準度。從 2014 年開始實施建檔立卡制度至今，全國所有貧困縣、片區縣和省級貧困縣的貧困村和貧困戶都已經精準識別。貧困戶、貧困村、貧困鄉鎮的各項綜合信息檔案已經建立起來，從而保證了扶貧對象的精準，為資金精準、專案精準、駐村幫扶精準的全面有效實施奠定了較為扎實的基礎。扶貧專案和扶貧資金完全瞄準貧困戶和貧困村，產業扶貧專案，資金貸款對象，社保、醫療衛生計畫等民生項目以及交通、水利、電等基礎設施項目與資

金，也同樣聚集到了貧困村和貧困戶，提升了扶貧脫貧效率。

其四是駐村幫扶工作隊伍基本到位，構建扶貧脫貧治理新型結構，「大扶貧」格局已經形成。目前向 12.8 萬個貧困村選派的駐村幫扶工作隊伍中的 40 多萬名幹部基本到位，貧困村第一書記選派也在加快到位，平均每村選派 3 至 5 名幹部，每個貧困戶都有對應的幫扶幹部，從而形成了新時期我國在貧困村由兩委幹部、駐村幫扶工作隊員、駐村包村幹部、第一書記等組成的新型幹部體系，構建了扶貧脫貧新型治理結構即鄉村治理結構，做到每個貧困戶都有屬於自己各自的幫扶幹部對接，貧困戶生產、生活及產業發展都有幹部指導和幫扶，形成「大扶貧」格局。

2. 現階段精準扶貧工作的主要挑戰

其一，精準扶貧工作的制度保障仍需進一步完善。雖然我國已經初步形成了精準扶貧、精準脫貧的制度體系，但是關於扶貧工作制度建設的探索始終在路上。許多扶貧政策沒有制度保障，因而在實施過程中會發生許多遭受排斥的現象。要想將精準扶貧落到實處，必須建構完善的扶貧治理機構，同時用法律來約束政府部門，確保扶貧資金投入收益最大化。

其二，精準扶貧資金的投入和管理仍需進一步提升和規範。一方面，扶貧是個大工程，資金是決定精準扶貧工作能否有效開展的關鍵。雖然中央財政專項扶貧資金已經為精準扶貧工作的順利開展提供了大量資源，但不容忽視的是，部分地區按照工作要求建檔立卡三年內就必須要實現脫貧，可享受到的資金支持卻微乎其微。另一方面，在資金的管理方面還存在著部門分工重疊、職能交叉的問題，資金投放分

散。如何更好地使扶貧資金發揮作用，能夠充分滿足貧困戶的需求，是一個不容忽視的課題。

其三，**政府部門的職責分工仍需進一步明確**。當前我國扶貧治理機構還有待進一步完善，而作為精準扶貧的主導部門，政府肩負著領頭羊的重任。精準扶貧工作是一個社會系統工程，它集農業、交通、公共服務、社會保障為一體，在政府主導的基礎上由扶貧部門實施、非政府組織部門參與。由此可見，在扶貧系統工程的部門設置上，如果能夠建立專門的領導班子來負責常設的議事協調機構，建立各自的深入縣、鄉、村、組、戶的扶貧聯繫點，將會更有利於工作的開展。但是在當前實踐中，許多部門不清楚自己的扶貧責任，單方面攬工作抓扶貧，卻沒有責任主體。另外，應處理好政府與市場的關係，在充分發揮市場決定作用的同時應更好地發揮政府作用，使得政府的財政資源配置與市場配置社會扶貧資源的機制得以銜接，更加充分發揮政府與市場各自作用與優勢。

其四，**就特殊貧困群體而言，發展不平衡使得貧困群體的邊緣感和社會剝奪感增強**。直到今天，在我國許多「老、少、邊、窮」等特殊困難地區以及外力侵擾下的工程移民、生態保護區人口等特殊貧困人群在發展中處於邊緣狀態。他們在成為扶貧工作重點瞄準對象的同時，受發展不平衡的影響，個人的社會剝奪感增強。之所以存在這一問題，主要是因為區域之間、城鄉之間、農村內部不同發展層次家庭之間的收入差距明顯，部分區域發展的高增長與少數村鎮的繁榮掩蓋了貧困地區的低增長與經濟社會發展落後現象，導致發展不平衡，社會資源分佈不均，在一定程度上影響扶貧的效能。

總體來看，我國的扶貧工作已經進入了一個新的階段。這個階段，

具有兩個方面的重要特點：一是儘管扶貧工作面臨挑戰，任務繁重，可各方面的因素都發生了變化，如經濟新常態以及共用發展理念的提出，這些變化是提高精準扶貧工作成效的一種新機遇；二是國家對於精準扶貧工作如此重視，因此精準扶貧能夠攻克挑戰和難點，促進扶貧事業的發展。

（三）精準扶貧具有深遠的歷史意義

精準扶貧作為扶貧理念和扶貧政策對創新我國的扶貧方式具有重要作用，能夠推動我國的扶貧工作進一步發展。

1. 精準扶貧關係到能否改善民生，如期全面建成小康社會

習近平指出：「全面建成小康社會，最艱巨最繁重的任務在貧困地區。全黨全社會要繼續共同努力，形成扶貧開發工作強大合力。」「我們實現第一個百年奮鬥目標、全面建成小康社會，沒有老區的全面小康，特別是沒有老區貧困人口脫貧致富，那是不完整的。」「『十三五』時期是我們確定的全面建成小康社會的時間節點，全面建成小康社會最艱巨最繁重的任務在農村，特別是在貧困地區。各級黨委和政府要把握時間節點，努力補齊短板，科學謀劃好『十三五』時期扶貧開發工作，確保貧困人口到 2020 年如期脫貧。」[1] 得益於改革開放，數億中國人甩

---

1 〈習近平在部分省區市委主要負責同志座談會上強調　謀劃好「十三五」時期扶貧開發工作　確保農村人口到 2020 年如期脫貧〉，《人民日報》2015 年 6 月 20 日。

掉了貧困帽子，但因為我國人口基數大、地域遼闊，扶貧任務仍然非常艱巨。經過多年的扶貧減貧工作，我國當前扶貧工作中所遇到的都是「發展起來的問題」，都是難啃的「硬骨頭」。加快貧困地區、貧困人口脫貧致富奔小康，不僅是政治問題、經濟問題，也是重大的社會問題、民生問題，事關戰略全域。精準扶貧，是削減貧困，實現城鄉一體化、共同富裕的內在要求，也是全面小康和現代化建設的一場攻堅戰役。

十八大以來，黨中央在保障和改善民生問題上更加注重兜底，更加注重扶貧，並作為一項重大戰略來謀劃來佈局。習近平連續三年開春首站視察都聚焦的是如何扶貧、如何脫貧，發表了一系列重要講話。各級也都把精準扶貧作為農村工作的一個重要抓手，全力推進。這是我們當前改善民生的重頭戲，也是一項重大政治任務。當前距離 2020 年全面建成小康社會只剩下 3 年時間，從各地具體情況來看，最大的差距也在扶貧上，處在貧困線上的人口基數大，這部分群眾如果不能按期脫貧，就不能同步邁進小康社會。因此，我們必須把精準扶貧工作作為第十三個五年計劃的重中之重來抓，保障全面建成小康社會的順利實現。

2. 精準扶貧關係到能否實現共同富裕，是對中國共產黨執政能力的考驗

習近平強調，消除貧困、改善民生、逐步實現共同富裕，是社會主義的本質要求，是我們黨的重要使命。[1] 我國現有農村貧困人口大

---

1 〈習近平在中央扶貧開發工作會議上強調　脫貧攻堅戰衝鋒號已經吹響　全黨全國咬定目標苦幹實幹〉，《人民日報》2015 年 11 月 29 日。

多數分佈在集中連片特困地區，自然條件差，基礎設施薄弱。貧困家庭致貧原因多樣複雜，因病致貧、因學致貧突出，缺勞力、缺資金、缺技術普遍，貧困家庭貧困人口發展能力發展條件嚴重不足，因災返貧、因市場風險返貧、因發展能力不足返貧常見，貧困家庭貧困人口脫貧致富信心缺乏，內生發展動力缺失。

　　老百姓是共產黨生命的源泉，沒有貧困地區的脫貧就沒有中國的全面小康，更談不上共同富裕。共同富裕不僅涉及「分蛋糕」，也關係「做蛋糕」，是社會主義發展過程中兩者的有機統一。全面建成小康社會就是「做大蛋糕」，而最艱巨、最繁重的任務就在農村。實現共同富裕，除了讓有能力有條件發展經濟的所有人能夠脫貧致富，也不能讓沒有能力條件或者暫時沒有能力條件發展的人被忽略，這就需要對每個困難人口進行扶貧，這是精準扶貧精準脫貧的核心所在。通過深入推進精準扶貧各項措施，把扶貧模式從「大水漫灌」向「定向噴灌、定點滴灌」轉型，體現更加結合實際、貼近群眾、務實為民的施政方針，接受時代和人民對自己的考驗。精準扶貧推動著各級領導幹部主動作為，勇於擔當，兌現「堅定不移地走共同富裕道路」的莊嚴承諾，是全心全意為人民服務宗旨的時代闡述，是黨在新時期執政興國的有益實踐，是實現中國夢的必由之路。

三、精準扶貧的基本要求和主要途徑

　　2017 年的全國兩會上，習近平在參加四川代表團審議時強調，「脫貧攻堅越往後，難度越大，越要壓實責任、精準施策、過細工作。

要繼續選派好駐村幹部，整合涉農資金，改進脫貧攻堅動員和幫扶方式，扶持誰、誰來扶、怎麼扶、如何退，全過程都要精準，有的需要下一番『繡花』功夫」。[1]十八大以來，黨和國家陸續出臺了一系列「超常規」舉措和政策「組合拳」：「六個精準」，即扶持對象精準、專案安排精準、資金使用精準、措施到戶精準、因村派人精準、脫貧成效精準，確保各項政策好處落到扶貧對象身上；「四個施策」，即堅持分類施策，因人因地施策，因貧困原因施策，因貧困類型施策；「五種渠道」，即通過扶持生產和就業發展一批，通過易地搬遷安置一批，通過生態保護脫貧一批，通過教育扶貧脫貧一批，通過低保政策兜底一批；「十項工程」，即幹部駐村幫扶、職業教育培訓、扶貧小額信貸、易地扶貧搬遷、電商扶貧、旅遊扶貧、光伏扶貧、構樹扶貧、致富帶頭人創業培訓、龍頭企業帶動。

（一）精準扶貧要做到「六個精準」的基本要求

精準扶貧機制的創新點在於「精準」二字。在 2015 減貧與發展高層論壇上，習近平將「精準」進一步細分為「六個精準」，並在中央扶貧開發工作會議上做了詳細闡述。只有做到「六個精準」，才能推進扶貧開發工作。

一是扶持對象精準。將貧困戶和貧困村有效識別出來，並建檔立卡。目前，貧困對象的界定仍依據城市、農村的最低生活保障標準。如何有效識別貧困對象是精準扶貧的基礎性工作，決定了精準扶貧能

---

1 〈習近平：脫貧攻堅全過程都要精準〉，《新華每日電訊》2017 年 3 月 9 日。

否實現。確定貧困戶要精準，不可用全國統一標準，而要根據當地經濟發展水準和家庭具體情況等進行實事求是的衡量，識別標準也不可僅以收入為衡量標準，可依據國家統計局對扶貧人口數量進行估計的標準，包括收入、消費、資產、健康、教育等指標。為扶貧對象建檔立卡是精準識別可持續性的保證，可以有效監控貧困戶脫貧情況。例如，廣西壯族自治區探索按貧困程度為貧困戶「打分」制度，組織 25 萬人，對 427 萬戶村民的家庭信息進行入戶調查。為確保調查的準確性，廣西開始探索構建貧困戶大數据庫，將交警、民政、房管等多部門的數据進行集中，建立大數据平臺，並與進村入戶精準識別的數据進行比對，以確保各項幫扶政策能百分之百精準到戶到人。[1]

　　二是專案安排精準。專案安排要堅持「基礎先行、規劃到村、專案到戶、責任到人」，深入基層瞭解村情民意，因地制宜確定專案，堅持「專案跟著規劃走，資金跟著項目走，監督跟著資金走」的原則，嚴格實施專案，建好臺賬，實現全程監管。扶貧專案是精準扶貧的重要抓手，這解決了「授之以漁」的問題，使扶貧工作更具科學性。項目安排精準度包括兩個方面：一方面，實施專案要有的放矢，要挖掘貧困原因和地方優勢，發展適合的扶貧項目；另一方面，實施項目要可持續發展，符合社會發展的大勢，使其能夠解決更多貧困戶的就業等問題。例如，甘肅合水縣根據貧困村實際困難和需要，詳細列出「需求清單」，制定了《關於推動雙聯行動與扶貧攻堅深度融合的實施意見》《關於貫徹落實陝甘寧革命老區脫貧致富座談會精神全力打好扶貧攻

1　〈廣西：大資料精準「制導」扶貧資金〉，《新華每日電訊》2016 年 5 月 4 日。

堅戰的實施方案》《2015年扶貧攻堅重點目標任務計畫分解表》，將責任落實到行業部門，將專案落實到具體村戶，做到目標明確、任務明確、措施明確，為精準扶貧提供了準確的時間表、任務書、作戰圖。[1]

三是資金使用精準。資金要用準，要用在真正需要且可持續利用的項目或者貧困戶身上；資金要用精，要依據不同程度的貧困情況、不同發展前景的項目，合理確定資金的需求量，科學投放。這就解決了一直以來資金濫用和平均使用的問題。把扶貧資金安排與脫貧成效掛鉤，加大資金整合力度，提高資金使用效益，強化資金監督管理，確保一分一厘都用在扶貧開發上。

四是措施到戶精準。堅持調查研究，堅持實事求是，堅持從小處著手，抓住困難群眾最急需、最直接、最迫切需要解決的熱點、難點問題，幫助困難群眾擺脫貧困。精準扶貧強調措施到戶，因為只有措施真正落實到貧困戶身上，才能從根源上解決貧困的問題。農戶致貧原因多樣化，扶貧政策也應多樣化、有針對性，政府部門之間還應加強政策銜接和協調。

五是因村派人（第一書記）精準。認真總結駐村工作的好經驗好做法，進一步發揮好駐村幹部的作用，確保駐村幹部沉下去、待得住、幹得好。駐村幹部對扶貧工作的開展關係到扶貧政策能否落地。這就要求做到「兩個瞭解」，一要瞭解青年幹部的學習經歷與特長，二要瞭解當地落後的緣由，從而找到二者的契合之處，有針對性地選派村支書，帶領貧困村脫貧致富。

---

1 張文智、高興榮、李兆奎：〈精準發力切斷「窮根」——來自革命老區合水縣扶貧攻堅一線的調查〉，《甘肅經濟日報》2015年7月1日。

六是脫貧成效精準。無論是貧困戶脫貧還是貧困縣摘帽，都要和脫貧攻堅總要求、總任務對表，和全面建成小康社會進程對表，每年退出多少要精準到縣、到村、到戶、到人，成熟一個摘帽一個，脫貧一戶銷號一戶。精準扶貧與精準脫貧往往被同時提出，精準扶貧的目標就是完成精確的脫貧。脫貧的成效不能籠統闡述，而應根據不同地方實際、不同對象分類，確定精確的標準。貧困村、貧困縣達到脫貧的標準不能以平均數來統籌，而是所有人口都必須達到脫貧線，實現覆蓋全部人口的小康。對於貧困戶，要對脫貧成效進行精準定位，在進行扶貧時就應該判斷致貧原因，有針對性地扶貧，實現脫貧目標。

（二）精準扶貧必須堅持「四個施策」的行動方略

2015 年 1 月，習近平在雲南昭通市考察連片特困地區時指出：「要以更加明確的目標、更加有力的舉措、更加有效的行動，深入實施精準扶貧、精準脫貧，專案安排和資金使用都要提高精準度，扶到點上、根上，讓貧困群眾真正得到實惠。」[1] 這一思想明確了實施精準扶貧方略的宗旨和目標。為此，我們必須「堅持分類施策，因人因地施策，因貧困原因施策，因貧困類型施策」，通過這四個施策，確保實現精準扶貧。

---

1 〈習近平在雲南考察工作時強調　堅決打好扶貧開發攻堅戰　加快民族地區經濟社會發展〉，《人民日報》2015 年 1 月 22 日。

1. 分類施策

我國貧困人口的致貧原因和貧困類型不盡相同，不能眉毛鬍子一把抓，必須根據實際情況瞄準「貧根」、對症下藥。因此要堅持「分類施策」的原則，有針對性地扶持貧困家庭和貧困人口：對有勞動能力的支持發展特色產業和轉移就業，大力發展三大產業整合戰略，推進高效山地農業、鄉村旅遊業等融合產業扶貧，既能合理利用資源，也可以有效帶動地區就業。對「一方水土養不起一方人」的實施扶貧搬遷，為貧困村和貧困戶打造專屬扶貧計畫；對生態特別重要和脆弱的實行生態保護扶貧，確保可持續發展；對喪失勞動能力的實施兜底性保障政策；對因病致貧的提供醫療救助保障；實行低保政策和扶貧政策銜接，對貧困人口應保盡保，切實加強扶貧開發的針對性和實效性。

2. 因人因地施策

要深入分析貧困村和貧困戶的致貧原因，確保幫扶到最需要幫扶的群眾、幫扶到群眾最需要扶持的地方。貧困人群識別出來以後，針對情況確定責任人和幫扶措施，確保幫扶效果。要因戶施策，通過進村入戶，分析掌握致貧原因，逐戶落實幫扶責任人、幫扶項目和幫扶資金。按照缺啥補啥的原則宜農則農、宜工則工、宜商則商、宜游則游，實施水、電、路、氣、房和環境改善「六到農家」工程。要保障資金到戶，既可以推行專項財政資金變農戶股金的模式，也可以通過現金、實物、股份合作等方式直補到戶；異地扶貧搬遷、鄉村旅遊發展

等項目補助資金可以直接向扶貧對象發放。

3. 因貧困原因施策

在我國，貧困人口地致貧的原因非常複雜，既有宏觀原因也有微觀原因，既有群體原因也有個體原因，既有體制機制原因也有生態原因以及社會進化發展的原因。大體來看，原因多為觀念守舊、資源缺乏、因病因婚因學等。精準扶貧只有找準貧困「根源」，才能有效施策，要強調到村到戶，最終落實到人，根據不同的致貧原因，制定不同的致富路徑，綜合運用產業扶貧、教育扶貧、健康扶貧、職業技能培訓、保障兜底等舉措，提高精準扶貧實效。

4. 因貧困類型施策

貧困類型多種多樣，比較普遍的分類是將貧困分為絕對貧困和相對貧困。絕對貧困也稱生存貧困，是指缺乏維持生存必需的最低生活標準的能力，維持生存必需的基本條件包括食品、住房和衣著消費等。相對貧困是指一個人或家庭的收入低於社會平均收入水準並達一定程度時的生活狀況，具有比較的意味，它包含了更高層次的社會心理需要，主要是指和某參照群體進行比較後的一種落後和收入下降的境況。因貧困類型施策要求我們精準識別貧困戶的相關情況，識別城市和農村的貧困戶，識別貧困地區和非貧困地區的貧困戶，識別一般貧困地區、特困地區、連片特困地區，根據貧困類型有針對性地施策，對於絕對貧困戶著力解決溫飽問題，對於相對貧困戶多措並舉進行「造血」

式扶貧，確保精準扶貧落到實處，真正解決百姓難題。

（三）精準扶貧必須扶持「五個一批」的重點領域

一是發展生產脫貧一批。習近平指出，要引導和支持所有有勞動能力的人依靠自己的雙手開創美好明天，立足當地資源，實現就地脫貧。[1]貧困者首先應自食其力，同時黨和政府積極引導，出臺相關政策加以扶持。雲南省彌勒市江邊鄉充分發揮特色產業優勢，堅持以「一花三果」為主的產業發展思路，加大土地流轉工作力度，著力培育壯大　果、萬壽菊、核桃、板栗、畜牧養殖等優勢產業，採取「公司＋農戶＋訂單＋基地＋技術」的發展模式，在全鄉推廣萬壽菊種植 1.1 萬畝，在江邊、平地、乾田、布臘等村發展　果種植 1.4 萬餘畝，在小俫份、平地發展生態雞養殖 3 萬餘羽，2016 年年底全鄉貧困戶均實現「30 畝果園 +10 畝萬壽菊＋養殖（養豬、養羊、養牛、養雞）」目標，760 戶2550 人脫貧[2]。

二是易地搬遷脫貧一批。易地搬遷脫貧的工作自 1994 年《國家八七扶貧攻堅計畫》頒佈之日起即逐步開展。精準扶貧給易地搬遷脫貧提出了新的「精準性」要求 —— 易地搬遷，按規劃、分年度、有計劃組織實施，確保搬得出、穩得住、能致富。劃定易地搬遷地區時必須進行科學評估，評估其搬遷的難度、搬遷的步驟以及搬遷後如何解

1 〈習近平在中央扶貧開發工作會議上強調　脫貧攻堅戰衝鋒號已經吹響　全黨全國
　　咬定目標苦幹實幹〉，《人民日報》2015 年 11 月 29 日。
2 李立章、張飛揚：〈精準發力拔「窮根」——彌勒市江邊鄉脫貧攻堅工作紀實〉，
　　《紅河日報》2016 年 12 月 15 日。

決貧困戶的農業資產轉移、就業、教育等問題,切實確保轉移後脫貧的成效。

三是生態補償脫貧一批。生態補償脫貧工作已有一些有益經驗。安徽金寨縣 2012 年開展國家重點生態功能轉移支付、林業專項轉移支付、水庫移民等生態補償專案,開發了特色生態農業,基礎設施建設大大改善,緩解貧困農戶的貧困問題,金寨縣成為有名的生態縣。通過加大貧困地區生態保護修復力度,增加重點生態功能區轉移支付,擴大政策實施範圍,讓有勞動能力的貧困人口就地轉成護林員等生態保護人員,是生態補償工作初步探索的路徑。還應進一步建立生態補償與扶貧開發協同機制、區域生態補償制度、生態補償績效評價等機制。例如,湖北省恩施土家族苗族自治州針對建檔立卡中 16.46 萬戶、54.19 萬人退耕還林貧困戶,出臺優惠的退耕還林政策補助標準。設立護林員、防火員等生態公益崗位,優先安排貧困人口就業,支持貧困群眾直接參與重大生態工程建設,增加其生態建設管護收入,促進貧困群眾增收。[1]

四是發展教育脫貧一批。治貧先治愚,扶貧先扶智。通過教育扶貧可以幫助貧困家庭自食其力,解決貧困問題。教育扶貧是一直以來扶貧工作所涉及的領域,但在這一特殊的歷史時期通過發展教育進行精準扶貧,給予教育工作更為具體的使命。精準扶貧要優先解決最為貧困的人口的脫貧問題,因而教育扶貧工作要向貧困地區傾斜,向基礎教育傾斜,向職業教育傾斜。習近平強調要說明貧困地區改善辦學

---

1 王海濤:〈實施「五個一批」推進脫貧攻堅〉,《農民日報》2016 年 2 月 25 日。

條件，對農村貧困家庭幼兒特別是留守兒童給予特殊關愛。留守兒童教育不僅應從學校教育入手，留守兒童缺失的家庭教育同樣需要社會關注，因而教育脫貧工作還需發動青年志願者、社會公益團隊、鎮村團員青年等群體，以「專案＋結對＋接力」的方式，通過實習支教、隨手公益等方式，針對留守兒童開展課業輔導、親情陪伴、圖書漂流、愛心捐贈等多種形式的關愛服務活動。

五是社會保障兜底一批。將喪失勞動能力、無法通過產業扶持和就業幫助實現脫貧的貧困家庭納入農村低保，實現社會保障政策向特困人群精準傾斜，加強農村生活最低保障和城鄉居民養老保險等社會救助制度的統籌銜接，讓勞動無力、致富無門、生活無依的特殊貧困群眾生活有保障。通過政府購買保障性扶貧服務，可以讓一部分無法滿足基本生活要求的最為貧困的人口脫貧。醫療負擔是貧困人口最為擔憂的問題，也是致貧的主要原因，必須進一步加強醫療保險和醫療救助，做到新型農村合作醫療和大病保險政策對貧困人口傾斜。

（四）精準扶貧要推進「十大工程」的特色工作

一是幹部駐村幫扶。駐村幹部為貧困村爭取專案和資金，並開發各類特色農業項目、改善農村基礎設施，成為村民收入增長的帶頭人。幹部駐村幫扶，為貧困村的桎梏解鎖，帶來新思想新活力。但這也要求駐村幹部的選派要打破以往幹部一味往經濟發達的城市升調，可以通過對幹部的扶持鼓勵政策動員黨員幹部到需要的地方服務。另一方面，要進一步完善大學生村官和黨員幹部駐點基層的制度。針對在校大學生開展寒暑假返鄉社會實踐、見習掛職、就業創業輔導等活動，

通過政策宣講、創業扶持、就業信息進校園等方式，在說明他們成功就業創業的同時，大力引導他們以各種方式回報家鄉。

二是職業教育培訓。實施就業培訓到人工程，對貧困對象開展實用技術和勞動力轉移培訓，推進扶貧科技、實用技術培訓、創業培訓和職業技能培訓。對貧困家庭「兩後生」，要整合部門和社會資源開展助學就業，幫助他們接受實用技術培訓和職業學歷教育，學到一門專業技術，實現培訓一人、脫貧一家的目標，切實阻斷貧困現象代際傳遞。要大力實施就學保障到人工程，統籌發展好貧困地區的義務教育、職業教育和學前教育，確保貧困地區義務教育、高中入學率。同時，實行貧困學生就學補助制，對貧困家庭在校就讀學生，由財政統籌，分層次給予適當金額的補助，幫助他們完成學業，確保不因貧困而失學、輟學。積極爭取農業、人社、商務等部門支持，依託「互聯網＋」平臺機制整合社會各類公益力量，分層分類開展技能培訓、電商培訓、創業輔導，盡力幫助提高技能一批、推薦就業一批、自主創業一批。

三是扶貧小額信貸。扶貧小額信貸是金融扶貧的主要工作。首先必須整合扶貧和相關涉農的資金，推行「政銀企農」合作模式，建立扶貧融資機制。其次，要儘快建立健全社會信用體系，分層次分階段地探索農村貸款評級體系，完善扶貧龍頭企業、農場、專業合作社為貧困農民信用擔保貸款條例。再次，要加大對貧困戶後續資金和技術的投入力度。在扶貧專案進行過程中應加大對貧困農戶扶貧專案的管理和少量必需品的資金投入。最後，要加大學生創業者的貸款扶持力度。根據創業者創業不同階段的不同需求，開發不同層次、類別的信貸產品，解決創業青年的缺資金問題。

　　四是易地扶貧搬遷。易地扶貧搬遷是脫貧攻堅「頭號工程」，為此有關部門和金融機構按照國家發展改革委等五部門聯合印發的《「十三五」時期易地扶貧搬遷工作方案》要求，緊緊圍繞「易地搬遷脫貧一批」的目標，出臺配套政策措施。住房建設方面，進一步強化建檔立卡搬遷戶住房建設面積標準，控制在人均不超過 25 平方米的「紅線」；土地政策方面，每個國家扶貧開發工作重點縣新增建設用地計畫 600 畝；金融政策方面，人民銀行及時出臺信貸資金籌措方案，明確專項金融債發行額度、發行方式、發行期限、貸款利率等要求，多方合力，防止貧困人口因搬遷舉債、因搬遷影響脫貧。同時開展定期工作調度和定期自查工作，及時發現和解決傾向性、苗頭性問題，確保易地扶貧搬遷有序推進。

　　五是電商扶貧。電商扶貧被認為是可複製性較高的精準扶貧工作。2013 年 12 月召開的首屆淘寶村高峰論壇上公佈的數據顯示，2013 年全國 20 個淘寶村、總計 1.5 萬家淘寶網店實現 6 萬人直接就業。[1]2016 年第四屆中國淘寶村高峰論壇發佈的《中國淘寶村研究報告（2016）》顯示，2016 年全國淘寶村數量增加到 1311 個，全國淘寶鎮增至 135 個，至少創造 84 萬個就業崗位。[2]農村電商得以迅猛發展有幾方面的原因：一是農村電子商務平臺為農民提供了低成本的網絡創業途徑；二是農村基礎設施持續改善，為電子商務在農村推廣提供了硬體保障；三是農村「熟人」社會的特徵，隨著農村電子商務帶頭人的出現，農村電

1　路曼：〈「淘寶村」激起農村經濟新漣漪〉，《國際商報》2014 年 1 月 6 日。
2　〈第四屆中國淘寶村高峰論壇首落江蘇沭陽　探索鄉村電子商務新模式〉，http://news.163.com/16/1029/11/C4HQFAIS000187VI.html.

子商務能夠迅速集團化發展。要使農村電商的發展有效地實現落後農村或者貧困家庭脫貧，必須引導農村電商健康科學發展。要通過電商扶貧就必須充分利用以上電商在農村得以發展的規律。

　　六是旅遊扶貧。我國 70% 的優質旅遊資源分佈在中西部地區、邊境地區和革命老區等貧困地區；在全國 800 多個貧困縣中，有近 300 個縣屬於國家主體功能區的限制開發縣，經濟發展落後，生態環境卻良好，是名副其實的「好山好水好風光」；在全國十多萬貧困村中，至少有 50% 具備發展鄉村旅遊的基本條件。貧困地區開發建成的新景區成為旅遊消費新熱點。例如，貴州是我國開展鄉村旅遊扶貧較早的地區，貴州思南縣長壩鎮位於烏江邊，當地村民以種植紅薯為主，但是地裡到處是怪石，影響收成，村民很討厭這些怪石。經考察，這些怪石是「喀斯特石林」。2009 年，思南烏江喀斯特國家地質公園獲批建設，經過數年建設，遊客數量不斷增長。經營較好的農家樂一年可以收入二三十萬元，村民們加入旅遊公司每月可以拿到 1500 元到 2000 元的工資，烹飪特色美食的廚師工資在 3000 元以上。曾經讓村民頭疼的石頭為村民們帶來了希望[1]。

　　七是光伏扶貧。2014 年 11 月，國家能源局、國務院扶貧辦聯合下發《關於組織開展光伏扶貧工程試點工作的通知》，安徽、河北、山西、甘肅、寧夏、青海等 6 個省區被作為光伏扶貧試點。安徽省在 2015 年啟動光伏扶貧試點工作，一年來全省就累計建成貧困戶光伏電站 31350 座，農戶年均收入可增收 3000 元左右[2]。光伏扶貧就是通過

1　李志剛：〈發展鄉村旅遊精準扶貧的突破口〉，《中國旅遊報》2016 年 3 月 15 日。
2　湯超、齊振江：〈光伏扶貧如何精準發力〉，《安徽日報》2016 年 2 月 24 日。

國家統籌、地方配套、銀行支持或使用者出資等籌措方式，利用貧困地區荒山荒坡、農業大棚或設施農業等建設光伏電站，能收穫環境和經濟的雙重效益。光伏扶貧的確能夠立即為貧困戶增收，但也存在投入大、維護難的問題。因而要切實使得光伏扶貧發揮作用，要使光伏扶貧具有「精準」視野，不能一味擴大工程量，只能局限於具有自然條件優勢的地域，並考量貧困戶是否具備安裝和維護光伏電站的能力。光伏扶貧工作必須扎實穩步地推進。

八是構樹扶貧。中科安岳林業公司與葉河村構樹專業合作社合作的「公司＋專業＋合作社＋農戶＋基地」的生產經營模式的嘗試，務川自治縣首創將構樹作為肉羊飼料已試種 5000 畝，讓農戶戶均增收 1.5 萬元，這都為構樹扶貧工程的產業模式建設提供了借鑒和啟示。構樹扶貧工程的推進必須看到，其扶貧最主要的優勢就在於解決了我國蛋白質飼料原料短缺阻礙畜牧業發展的瓶頸。要充分發揮構樹種植的扶貧效益，必須打造構樹「林—料—畜」的產業鏈，通過產學研合作進一步挖掘構樹產業鏈的效能，並幫助貧困農民掌握種植技能。並由政府牽頭，招商引資，帶動貧困村構樹產業鏈形成，可以解決就業不足、貧困村資源匱乏等問題。

九是致富帶頭人創業培訓。建立農村致富帶頭人「千人培養計畫」等培訓機制，依託網絡平臺，聯合高校和專職院校，邀請創業成功者，解讀當前最新的產業動態、創業的實操和行銷技能技巧。可以組建有成功創業經歷、豐富創業經驗的創業導師團，一對一幫扶創業者，為其提供技術服務和行銷策略。此外，可聯繫企業或群團組織共建一個實體化、多功能、線上線下相結合的青年就業創業服務中心，在就業創業信息對接、訂單培訓、導師輔導、產品上行等方面提供精

準幫扶。

　　十是龍頭企業帶動。把發展活力最強的民營企業與發展需求最迫切的貧困群體有效對接起來，特別是民營企業與建檔立卡貧困村、貧困戶直接結對幫扶，幫扶行動直接到村到戶。民營企業與貧困村、貧困戶結對幫扶，可以帶來資金、技術、管理等先進生產力和先進理念，為貧困村營造商品生產、市場經濟氛圍，幫助貧困群眾轉變發展觀念，從根本上激發內生動力和發展活力。同時，貧困地區特有的自然環境、投資需求和消費增長也為民營企業提供廣闊的發展空間，有助於企業拓展自身文化建設和品牌建設，是一個雙贏的行動。

第四章

阻斷貧困代際傳遞：擺脫貧困奔小康的根本之策

人民對美好生活的嚮往，是中國共產黨人的奮鬥目標。黨的十九大報告提出，深入開展脫貧攻堅，保證全體人民在共建共用發展中有更多獲得感，不斷促進人的全面發展、全體人民共同富裕。當前正處於全面建成小康社會的決勝階段，讓貧困地區和貧困人口走出貧困，同步實現小康，是期許更是責任，在這一過程中，教育責無旁貸地成為治本的力量源泉。2015 年頒佈的《中共中央國務院關於打贏脫貧攻堅戰的決定》，要求著力加強教育脫貧，加快實施教育扶貧工程，讓貧困家庭子女都能接受公平有品質的教育，阻斷貧困代際傳遞。對於貧困地區的貧困人群而言，唯有教育才能激發自身的潛力，並產生改變命運的長效作用。知識改變命運，治貧先要重教，貧困地區教育落

後是脫貧攻堅中的一個短板，各級政府要精準發力、綜合施策，讓貧困家庭子女都能夠享受公平有品質的教育，把教育扶貧作為一項從根本上幫助貧困群眾脫貧且長期堅持的重大民生工程，踐行起「阻斷貧困代際傳遞」的光榮使命。

一、阻斷貧困代際傳遞的重要意義

「不怕一代窮，就怕代代窮」，貧困的代際傳遞一方面會形成貧困的「馬太效應」，讓貧困家庭向上流動的渠道阻塞，加劇階層固化和社會板結，增加脫貧攻堅的難度；另一方面也會助長「知識無力感」「讀書無用論」等消極觀念，不利於凝聚社會正能量。因此，貧困代際傳遞被認為是治理貧困的關鍵。貧困家庭因為教育程度低，缺少發展性資源，向上突破的可能性下降，容易出現貧困代際傳遞。一時的貧困僅僅是物質匱乏，可一旦貧困的代際傳遞成為一種常態，就很容易形成一種惡性循環，加劇社會不公，影響全面建成小康社會目標的實現。習近平同志多次針對貧困代際傳遞現象做出指示，在 2015 年 3 月參加十二屆全國人大三次會議廣西代表團的審議時就強調，「要說明貧困地區群眾提高身體素質、文化素質、就業能力，努力阻止因病致貧、因病返貧，打開孩子們通過學習成長、青壯年通過多渠道就業改變命運的扎實通道，堅決阻止貧困現象代際傳遞」。[1]

---

1 〈習近平李克強張德江俞正聲劉雲山王岐山張高麗分別參加全國人大會議一些代表團審議〉，《人民日報》2015 年 3 月 9 日。

（一）我國農村貧困代際傳遞的特點

貧困人口的自身素質和周圍環境阻礙了其脫貧致富，造成貧困的代際傳遞和階層固化，這不但對貧困個人和家庭產生不良的影響，同時也影響到經濟的健康穩定發展。改革開放以來，伴隨著我國經濟的蓬勃發展以及政府有組織、大規模推進的扶貧戰略，農村貧困家庭代際傳遞的發生呈現收縮的趨勢，主要表現在：一是農村貧困家庭代際傳遞從大面積發生向分散的面點發生轉變，從 20 世紀 80、90 年代大面積發生，逐步演化到革命老區、自然環境惡劣和經濟發展極度落後地區及邊境區等集中連片特困地區，農村貧困家庭的絕對貧困狀況得到顯著改善。二是農村貧困家庭代際傳遞從東部地區逐漸向中西部地區集中，但不可否認，貧困的代際傳遞在部分經濟發達的東部地區依然客觀存在。三是貧困在子輩之間出現了分化，部分貧困家庭代際傳遞的子輩因教育、職業培訓等人力資本以及社會資本異質性的客觀存在而擺脫了貧困。總體而言，我國農村的貧困代際傳遞有著形成的複雜性、路徑的雙向性、後果的消極性等特點，正確認識其特徵有助於在脫貧攻堅中有針對性地施策治理。

1. 貧困代際傳遞形成的複雜性

從辯證唯物主義與歷史唯物主義的觀點來看，農村貧困家庭代際傳遞現象是家庭因素、個人因素等內因與自然環境、制度體制、教育文化、權利貧困等外因綜合作用，諸種致貧因數循環累積的結果。如此複雜的宏觀、微觀因素及其相互影響和制約，是使家庭陷入貧困

陷阱的綜合推力，因此，要徹底消除貧困代際傳遞現象只能靠全社會的共同努力，因地制宜、分類指導、分類解決，力求精準扶貧和有效扶貧。

2. 貧困代際傳遞路徑的雙向性

農村貧困代際傳遞的路徑主要是「父母—子女」的正向傳遞，由於父母的長期貧困，使得貧困家庭的子女毫無選擇地被迫繼承了父母的貧困和一切導致貧困的不利條件和因素，從而缺乏發展的資源和機會。同時，農村貧困代際傳遞的路徑還表現為「子女—父母」的反向傳遞。基於我國特殊的國情和農村特有的生活習俗，在當前及未來一段時期內，家庭養老依然是農村居民養老的主要模式，父母的生活狀況在很大程度上取決於子女的經濟狀況，子女的貧困必然導致父母也陷入貧困。這種貧困的雙向互動在農村貧困家庭代際傳遞中是客觀存在的，成為農村反貧困治理必須正視的一大現實問題。

3. 貧困代際傳遞後果的消極性

缺乏必要的物質資本和人力資本是農村貧困家庭代際傳遞的主要誘因，在這兩類資本缺乏形成內生增長能力的情況下，貧困家庭獲取社會資源的自身能力也隨之下降，於是處於貧困境遇的家庭在經歷了較長時期的貧困之後，往往喪失了脫貧致富的原動力，容易陷入要麼怨天尤人要麼逆來順受的「負能量」狀態，其潛在的勞動生產力得不到應有的釋放和發揮，進而會導致社會福利的淨損失。同時，貧困代

際傳遞使貧困人口失去向上流動的物質基礎和精神動力，導致社會階層的固化，社會結構斷層和社會階層對立，從而帶來社會不穩定的隱患。相關政府部門及社會組織要充分認識到貧困代際傳遞的消極後果，切實增強貧困家庭脫貧致富的內生動力，幫助他們儘快擺脫貧困。

（二）阻斷貧困代際傳遞是全面建成小康社會的必然要求

建設小康社會，讓全國人民共同富裕，這是我國改革開放以後確立並逐漸豐富、成熟的一個奮鬥目標，早在 1982 年召開的黨的十二大上就有專門論述。黨的十六大第一次提出了在 21 世紀頭 20 年全面建成小康社會的奮鬥目標，為到 21 世紀中葉基本實現現代化打下堅實基礎。黨的十八大對全面建成小康社會目標提出了新要求，構成了全面建成小康社會的經濟建設、政治建設、文化建設、社會建設和生態文明建設五個方面的目標體系，十八屆五中全會進一步提出了全面建成小康社會新的目標要求。習近平指出，全面小康，要求覆蓋的領域要全面，是五位一體的全面小康。全面小康社會要求經濟更加發展、民主更加健全、科教更加進步、文化更加繁榮、社會更加和諧、人民生活更加殷實。要在堅持以經濟建設為中心的同時，全面推進經濟建設、政治建設、文化建設、社會建設、生態文明建設，促進現代化建設各個環節、各個方面協調發展，不能長的很長、短的很短。[1]農村貧困人口如期脫貧、貧困縣全部摘帽、解決區域性整體貧困，是全面建

---

[1] 習近平：〈在黨的十八屆五中全會第二次全體會議上的講話（節選）〉，《求是》2016 年第 1 期，第 1 ～ 3 頁。

成小康社會的底線任務，而貧困的代際傳遞造成貧困的長期化和跨代化，阻斷貧困代際傳遞是全面建成小康社會的題中應有之義。

1. 阻斷貧困代際傳遞，使經濟更加健康發展

改變貧困地區的狀況，能夠推進社會主義新農村建設，實現農業現代化，提高城鎮化品質，構建城鄉、區域互動發展格局，可以增強發展協調性，努力實現經濟又好又快發展。貧困代際傳遞的發生，使農村貧困家庭生活在維持生存的狀態下，對農業生產的投入極其有限，消費需求嚴重不足，不利於農村經濟發展。加之，由於人力資本投入嚴重不足，限制了貧困人口勞動力潛能的發揮，致使貧困人口固化為人口壓力，而不能轉化為勞動力資源優勢，阻礙了工業化和城鎮化進程的順利推進。打好脫貧攻堅戰，提升扶貧開發的精準度，加大扶貧開發投入，通過整合專項扶貧、專案扶貧、行業扶貧、惠農政策扶貧等多方力量，讓貧困人口參與扶貧專案，阻斷貧困代際傳遞，有助於推動城鄉經濟發展的協調性。

2. 阻斷貧困代際傳遞，使政治建設更加民主

推進政治建設，要求的是人民民主不斷擴大，這需要不斷完善民主制度，豐富民主形式，讓依法治國的理念深入人心。增強基本公共服務能力，吸引各階層參與到國家事務管理中來，推動基層民主制度更加完善，更好地保障不同階層人民權益和社會公平正義。當前，中國特色社會主義民主取得了長足的進步，但仍存在一些制約因素，貧

困代際傳遞就影響著政治建設。其一是貧困人口結構的約束。貧困群體對於民主參與的意願冷漠，激發他們的民主意願需要依靠合理的公共政策，以發展和建設民主彌補經濟的不足，逐步夯實民主政治的基石。如果因為經濟問題導致困難群體長期懸置於民主政治的邊緣，對於政權的長久鞏固是一個潛在威脅。其二是教育公平與民主政治建設的矛盾。教育不足的現象在一些地區較為突出，嚴重限制著民主政治建設的發展。教育公平是社會公平的底線，是減貧脫貧、阻斷貧困代際傳遞的根本之舉。必須改善貧困群體的教育水準，提供公平有品質的教育，提高貧困民眾的政治法律意識，推動民主政治建設的進程。其三是制度的不完善對政治民主的妨礙。貧困群體在正常的學習、生活、就業等方面面臨著許多制度性的不公，比如妨礙平等就業的戶籍制度、城鄉差異的醫療保險制度。這些制度性的障礙影響著社會民主的運行，政府要從公平、平等理念出發，進行改革，讓貧困群體獲得更多的機會和權利，激發其脫貧積極性，更深層次地阻斷貧困代際傳遞。

3. 阻斷貧困代際傳遞，使文化建設更有成效

大力推進文化建設，要建立好覆蓋全社會的公共文化服務體系，培育豐富多樣的文化產品，滿足人民的需求，增強文化軟實力。要推進社會主義核心價值觀深入人心，全面推動各階層的文明養成，逐步提高社會的文明程度，實現文化大繁榮大發展。實行扶貧戰略，要做到村級綜合文化服務中心全覆蓋，完善貧困地區公共文化設施網絡。通過豐富公共文化資源供給，保障農村留守婦女、兒童和老人等特殊

群體的基本文化權益，全面提高貧困地區公共文化服務水準。不僅如此，還必須增強貧困群眾的文化素質，推動地方特色文化的保護和發展，不斷深化「文化育民、文化富民」戰略，促進貧困地區經濟社會全面發展，以積極推動貧困地區群眾脫貧致富。黨的十八大以來，先後制定頒佈了一系列實施教育扶貧的重大政策文件，為貧困地區兒童提供全面保障。在扶貧開發過程中，發展教育事業貫穿始終，讓貧困地區的孩子接受良好教育，是拔掉窮根的重要途徑，能夠有效提高貧困人口基本素質，促使貧困人群逐步提高文明習慣養成，推動文化建設更有成效。

4. 阻斷貧困代際傳遞，使社會建設更加均衡

加快推動社會建設進程，需要全面提高人民生活水準，基本實現教育現代化，需要完善國民教育體系和社會保障體系，需要建立合理有序的收入分配格局，需要社會就業更加充分、社會管理體系更加健全。農村脫貧工作，可以說是全面建成小康社會最繁重、最艱巨的挑戰。沒有農村貧困地區的小康，是不完整的小康。近年來，我國成為世界第二大經濟體，經濟快速地發展，人民的生活水準不斷提高。但不容忽視的是伴隨而來的城鄉愈加不均衡發展、貧富差距不斷擴大，可以說社會結構正在發生急劇的變化，貧富差距已具有一定的穩定性並形成了階層和代際轉移，一些貧者正從暫時貧困走向長期貧困和跨代貧窮。如果不想辦法改變這一情況，貧富差距便會趨向穩定化和制度化，成為一種很難改變的社會結構，社會階層流動通道也將被嚴重

堵塞。[1] 阻斷貧困代際傳遞，可以不斷優化社會結構，使社會建設更加均衡。

5. 阻斷貧困代際傳遞，使生態優勢轉變為經濟優勢

生態文明建設和精準扶貧都是關涉國計民生的大事。貧困地區往往擁有良好的生態資源，如果能夠把兩者有機結合起來，實現兩者的良性互動，既可以推動貧困狀況的改善，又可以促進生態環境的保護，將生態優勢轉變為經濟優勢，走出一條生態文明建設與扶貧開發協調發展之路。一般而言，貧困地區對於自然資源的依存度較高，實施好扶貧戰略，提高貧困人口的收入，才能從根本上減輕對良好生態環境的壓力，保護好綠水青山。要充分挖掘貧困地區的內生力，把貧困地區的資源優勢與市場需求結合起來，要把生態產業開發轉移到依靠科技進步和提高勞動者素質上，重點開發市場前景廣、比較優勢顯、產品附加值高、帶動農民增收能力強的生態特色產業，逐步構建綠色生態產業體系。

二、教育在阻斷貧困代際傳遞中處於基礎性地位

教育是民生之首，在扶貧攻堅中具有基礎性、先導性作用。聯合國教科文組織的研究表明，受教育者的層次與勞動生產率存在著關聯：

---

1 馮華：〈貧富差距到底有多大？〉，《人民日報》2015 年 1 月 23 日。

本科 300%、初高中 108%、小學 43%，人均受教育年限與人均 GDP 的相關係數為 0.562。可見，教育在促進脫貧、防止返貧方面有著根本性的作用。扶貧先扶智，治貧先治愚，通過教育拔除窮根，是阻斷貧困代際傳遞、幫助貧困群眾擺脫貧困的根本途徑。十年樹木，百年樹人。教育扶貧能讓貧困人口掌握知識、改變命運、造福家庭，是最有效、最直接的精準扶貧。要將發展教育擺在優先位置，加大教育投入，不斷提升貧困地區人力資源開發水準，增強貧困人口自我發展能力，為當地群眾提供更多的就業崗位和發展機會。

（一）教育是阻斷貧困代際傳遞的根本途徑

教育是促進社會流動的機制之一，貧困群眾如果能通過教育獲取越多的競爭機會，他們擺脫貧困的概率就越大，這既能解決貧困問題又能創造更多的社會財富。貧困代際傳遞的複雜成因中，教育是最重要的影響因數。教育正是通過引導、培訓去改變貧困者的思維，培養他們樂觀向上與積極進取的態度與習慣。同時，教育會傳授給人知識與技能，通過教育，貧困家庭出身的子女雖然在一開始擁有較少的家庭給予的物質資本，但是在學校他們可以逐漸完成社會化的過程。因為教育也是一種資本，是一種知識與技能的傳授與習得，這會減少劣勢的累積。再者，通過教育也可以增加社會對貧困子女的包容性與認同度，減少社會排斥與排擠。因此，脫貧必脫愚，貧困人群獲得求職能力後，創造財富，擺脫貧困便容易得多，貧困的代際傳遞得到阻斷。然而，現實中，教育不公是造成貧困代際傳遞最重要的影響因素。一方面，優質的教育資源集中在發達地區，家庭富裕者可以享受良好的

資源，而貧困家庭子女卻與之無緣。另一方面，大量的招生指標分配在大學所在的城市，貧困家庭子女付出異常的努力才能贏得平等。由教育水準低下而引起的知識與技能缺乏束縛著貧困家庭子女，使其較難獲得進一步的職業發展，從而陷入持續貧困的泥沼，用教育擺脫貧困文化的束縛，弱化、阻止貧困代際傳遞勢在必行。

1. 教育可以增加人力資本積累

家庭成員的整體教育狀況影響著收入與就業的代際傳遞。貧困家庭的父輩接受的教育程度較低，家庭收入較少，教育經費的支出自然也少。受代際傳遞效應的影響，子女不能接受與其他社會成員同等教育的可能性大為提高，而教育是人力資本形成的重要因素，由此導致人力資本含量下降。知識與技能的缺乏導致的人力資本不足，勢必使他們在勞動力市場失去競爭力，要麼就不了業，要麼就業崗位收入低。2017 年 3 月，習近平在參加十二屆全國人大五次會議四川代表團的審議時強調：防止返貧和繼續攻堅同樣重要，要繼續鞏固，增強「造血」功能[1]。而教育就是增強「造血」功能的途徑，要堅持發展教育這個治本之計，既扶貧又扶智，切斷貧困代際傳遞，增強貧困人口的內生動力和自我發展能力。「十二五」期間，福建省深入落實教育優先發展戰略，義務教育各項發展指標保持在全國較高水準，學前三年入園率達 97.3%、高中階段毛入學率達 94.1%、高等教育毛入學率達

---

[1] 〈習近平李克強張德江俞正聲劉雲山張高麗分別參加全國人大會議一些代表團審議〉，《人民日報》2017 年 3 月 9 日。

42.8%、高考實際錄取率達 87%，終身教育體系基本形成。教育的覆蓋為貧困家庭子女增加人力資本積累，有助阻斷貧困代際傳遞。

2. 教育可以提升反貧困能力

人是認識世界、改造世界的主體，教育能夠提升人的認識水準和生產能力，這是反貧困能力的基本要求。貧困的根本原因不在於物質資料的貧乏，而在於人認識能力低下，特別是對於教育資源投入的重要性認識不足。要脫貧致富就要重視和發展教育，提高勞動者的知識水準和技術能力。正確處理好教育與反貧困的關係，通過切實可行的措施大力發展貧困地區的教育，把貧困地區的教師隊伍建設擺在優先發展的戰略地位，保障貧困家庭子女享有更好更公平的教育，為實現「智富」奠定基礎。統計數據顯示，2015 年北大錄取農村學生比例為 19.14%，實現了多年連續增長。近年來，通過實施貧困地區專項計畫及北大針對農村貧困學子的「築夢計畫」，以及在自主招生和高考錄取中對農村考生實行政策傾斜，一大批優秀的寒門學子脫穎而出，實現了在北大求學的夢想。農村大學生的比例提高，為貧困地區擺脫貧困創造了良好的智力支持。

3. 教育可以提供改變命運的機會

我國幅員遼闊，城鄉差距較大，教育公共服務的城鄉差距、區域差距和群體差距顯著，貧困地區的教育往往是公共服務供給的窪地。貧困家庭的子女常常難以享受公平且有品質的基礎教育，也較少有機

會獲得有效的職業技能培訓。近年來，各級黨委、政府致力於頂層設計，將治愚與扶貧有機結合，切實加大對貧困地區、貧困人口的教育扶持力度。同時，大力統籌教育資源，注重義務教育薄弱地區改造，確保貧困地區每一名適齡兒童少年都有機會接受有一定品質保障的義務教育。各級黨委、政府應創造條件，鼓勵並幫助貧困家庭子女依靠自身努力在人生的起點處就竭力阻斷貧困的代際傳遞。2016 年 5 月，來自湖南農村的何江以哈佛大學研究生優秀畢業生的身份，在畢業典禮上做《改變科技知識分佈不均》主題發言，成為登上哈佛大學畢業典禮演講臺的中國大陸第一人。高考對於農村孩子來說是改變命運的最好機會。教育實現階層的流動，給了寒門學子充分的機會。

（二）我國教育扶貧政策保障到位

習近平歷來高度重視扶貧工作，重視教育在扶貧開發中的重要作用。早在 20 世紀 80 年代，在福建寧德工作期間就指出：「越窮的地方越難辦教育，但越窮的地方越需要辦教育，越不辦教育就越窮。這種馬太效應，實際上也是一個『窮』與『愚』互為因果的惡性循環。」[1]2012 年 12 月，習近平到河北阜平縣考察扶貧開發工作時專門講道：「治貧先治愚，要把下一代的教育工作做好，特別是要注重山區貧困地區下一代的成長。把貧困地區孩子培養出來，這才是根本的扶貧之策。」2015 年 9 月第 31 個教師節到來之際，習近平在給「國培計畫（2014）」北京師範大學貴州研修班參訓教師回信中再次強調：「扶

---

1 習近平：《擺脫貧困》，福州：福建人民出版社 2014 年版，第 173 頁。

貧必扶智，讓貧困地區的孩子們接受良好教育，是扶貧開發的重要任務，也是阻斷貧困代際傳遞的重要途徑。」2015 年 11 月，習近平在中央扶貧開發工作會議上指出：「教育是阻斷貧困代際傳遞的治本之策。貧困地區教育事業是管長遠的，必須下大力氣抓好。扶貧既要富口袋，也要富腦袋。」2015 年 11 月，中共中央、國務院印發《關於打贏脫貧攻堅戰的決定》，明確要用 5 年時間完成 7000 多萬農村貧困人口脫貧任務，解決區域性整體貧困。教育作為脫貧的五大舉措之一，被賦予重大使命。2017 年 2 月，習近平在中共中央政治局第三十九次集體學習時強調，貧困群眾既是脫貧攻堅的對象，更是脫貧致富的主體。要注重扶貧同扶志、扶智相結合，把貧困群眾的積極性和主動性充分調動起來，引導貧困群眾樹立主體意識，發揚自力更生精神，激發改變貧困面貌的幹勁和決心，靠自己的努力改變命運。

2017 年 7 月 26 日，習近平在省部級專題研討班上強調要「不斷順應人民群眾的新需求、新期待，不斷增強改革發展的實效」。十八大以來，以習近平同志為核心的黨中央想群眾之所想、急群眾之所急、解群眾之所困，始終把改善人民生活、增進人民福祉置於重中之重位置。阻斷貧困代際傳遞，追求教育公平，我們一直在路上。我國當前還有幾千萬的貧困人口，貧富差距問題日益凸顯，消除貧困艱難程度可想而知。消除貧困，我們擁有堅實的基礎：經濟實力的提升是資本保障，社會主義制度是制度保證，30 多年的扶貧工作實踐是經驗源泉。在扶貧攻堅這場非贏不可的戰役中，教育扶貧舉足輕重。近年來，各級政府精準發力，綜合施策：2010 年到 2012 年，在國家政策的強力推動下，普通高中、學前教育、中等職業教育三大領域全部納入國家學生資助體系。自 2011 年起，我國在集中連片特殊困難地區

啟動實施農村義務教育學生營養改善計畫，片區內 3200 多萬農村義務教育階段學生直接受惠。從 2012 年起，我國啟動實施面向貧困地區定向招生專項計畫，受惠學生 2014 年已達 5 萬人，貧困地區農村學生上重點高校人數連續兩年增長 10% 以上。2013 年 7 月，國務院辦公廳轉發了教育部等部門制定的《關於實施教育扶貧工程的意見》，明確了教育扶貧的總體思路、主要任務和保障措施等，充分發揮教育在扶貧開發中的重要作用。2015 年 1 月，教育部會同國家衛生計生委等部門制定《國家貧困地區兒童發展規劃（2014—2020 年）》，將對片區內從出生開始到義務教育階段結束的農村兒童的健康和教育實施全過程的保障和干預，編就一張保障貧困地區兒童成長的安全網。2015 年 6 月，國務院印發的《鄉村教師支持計畫（2015—2020 年）》指出，到 2020 年全面建成小康社會、基本實現教育現代化，薄弱環節和短板在鄉村，在中西部老少邊窮島等邊遠貧困地區。發展鄉村教育，幫助鄉村孩子學習成才，阻止貧困現象代際傳遞，是功在當代、利在千秋的大事。必須把鄉村教師隊伍建設擺在優先發展的戰略地位。要聚焦鄉村教師隊伍建設最關鍵領域、最緊迫任務，打出組合拳，精準發力，標本兼治，到 2020 年，努力造就一支素質優良、甘於奉獻、紮根鄉村的教師隊伍。2015 年修訂的《中華人民共和國教育法》首次將「教育公平」寫入法律，明確提出「國家採取措施促進教育公平，推動教育均衡發展」。「十三五」規劃強調，普及高中階段教育，逐步分類推進中等職業教育免除學雜費，率先從建檔立卡的家庭經濟困難學生實施普通高中免除學雜費。完善資助方式，實現家庭經濟困難學生資助全覆蓋。關注身處不同環境的孩子，關愛幫助貧困家庭子女，提高他

們的學習能力和發展能力，利於教育公平。[1] 教育扶貧的一系列扎實行動，為貧困子女的教育奠定了良好的政策支持基礎。通過政策支持，從阻斷貧困代際傳遞產生的教育根源入手，讓優質的教育資源滋潤貧困地區，使更多的山區孩子感受到公平的教育，同時也增強貧困地區人員的自我發展能力，改變勞動者的素質構成，對於解放和發展生產力的內生源奠定堅實的基礎，充分體現了社會主義的本質要求。2015年 11 月 29 日，《中共中央國務院關於打贏脫貧攻堅戰的決定》（以下簡稱《決定》）提出，要著力加強教育脫貧，加快實施教育扶貧工程，讓貧困家庭子女都能接受公平有品質的教育，阻斷貧困代際傳遞。《教育脫貧攻堅「十三五」規劃》，就是全面落實《決定》的舉措，發展教育脫貧，能夠有效地阻斷貧困代際傳遞。黨中央、國務院圍繞教育扶貧的薄弱環節，針對各級教育層次密集進行了一系列「靶向治療」。在阻斷貧困的代際傳遞問題上，教育大有可為，需要全社會的共同努力。教育扶貧要「保中間、抓兩頭」，多措並舉，綜合施策，重在提高教育脫貧的品質和效益。

　　「保中間」就是確保貧困地區九年義務教育在校學生不因貧困而輟學。不僅要讓所有的適齡兒童都能接受九年義務教育，還要讓所有的小學生都能順利升到初中。《決定》指出：「國家教育經費向貧困地區、基礎教育傾斜。穩步推進貧困地區農村義務教育階段學生營養改善計畫。」[2] 基礎教育處在阻斷貧困傳遞的起點，引起廣泛關注。2017 年 7 月 19 日，李克強在國務院常務會議上強調：「我們不但要保

---

1 柴葳：〈教育是最根本的精準扶貧〉，《中國教育報》2016 年 3 月 3 日。
2 〈中共中央國務院關於打贏脫貧攻堅戰的決定〉，《人民日報》2015 年 12 月 8 日。

障人民群眾的基本生活，而且要讓廣大適齡兒童，特別是寒門子弟都要接受義務教育，阻斷貧困代際傳遞。」福建省為了緩解 23 個貧困縣農村師資力量不足等狀況，2015 年省教育廳在全省公開招募 150 名左右優秀退休教師赴重點縣城關以外的中小學、幼兒園支教。同時，退休教師可根據專業特長和實際需求，通過開展課堂教學、聽課評課、專題講座等方式指導青年教師，協助做好教學管理工作。推動城鄉教師合理流動和對口支援，通過對基礎教育師資支持力度的傾斜，為貧困地區學校培養品質好、留得下、穩得住的教師。

「抓兩頭」就是要加快普及貧困地區學前教育和高中階段教育，基本滿足初、高中畢業後的「兩後生」接受職業教育或職業培訓的需求，針對不同教育群體分類施策。

學前教育要重點保障每個孩子都有機會接受學前三年教育《決定》指出，要「健全學前教育資助制度，幫助農村貧困家庭幼兒接受學前教育」[1]。積極探索幼兒園資助檔案的建立健全，精準實施資助金額的下發，逐步完善學前教育資助制度，推動普惠性幼兒園幫扶政策，推廣學前教育師資巡迴支教，讓貧困家庭的子女免費入園，入好園。

高中階段教育要重點加快普及步伐，讓每個初中畢業學生都能接受普通高中或中等職業教育。《決定》提出：「普及高中階段教育，率先從建檔立卡的家庭經濟困難學生實施普通高中免除學雜費、中等職業教育免除學雜費，讓未升入普通高中的初中畢業生都能接受中等職業教育。」[2] 貧困地區普遍存在高中階段教育資源不足的情況，高中

1　〈中共中央國務院關於打贏脫貧攻堅戰的決定〉，《人民日報》2015 年 12 月 8 日。
2　〈中共中央國務院關於打贏脫貧攻堅戰的決定〉，《人民日報》2015 年 12 月 8 日。

教育的攻堅計畫也應納入脫貧致富戰略。普及高中教育是消除大規模貧困的捷徑。受過高中教育者，通過培訓可以優化自身掌握的技術和能力，改善我國的勞動力結構。更重要的是，他們因此可以從事高技能職業，進入收入較高的第二、第三產業，收入水準達到社會平均水準，阻斷貧困代際傳遞。

要把職業教育擺在突出位置。一個國家特別是發展中國家，要實現持續快速發展，離不開技術型人才的培養。通過職業教育，可以培養出大量勝任生產一線工作的技能人才。依託生產力的持續推動，創造充裕的財富，除掉貧困代際傳遞的根源。以中等職業教育為承載點，結合貧困地區的教育實際情況，重點建設一批特殊優勢專業，突出就業導向，努力使貧困地區家庭的子女能接受實用性強、操作性強的職業培訓。

高等教育要重點擴大貧困地區招生規模，讓貧困家庭子女能享受到優質教育資源。進一步推進招生改革，通過政策傾斜，讓更多貧困家庭孩子進入重點高校。在 2016 年 1 月召開的全國教育工作會議上，時任教育部部長的袁貴仁提出 2016 年重點大學面向農村貧困地區定向招生人數將比去年再增加 1 萬人，實現少數民族自治縣全覆蓋，繼續提高中西部地區高考錄取率。針對貧困地區實施教育扶貧工程，進行精準幫扶，運用資金和政策，加大對特殊困難群體的幫扶力度，增強其幸福獲得感，提升其發展能力，能夠有力阻斷貧困代際傳遞。

《決定》提出，要建立保障農村和貧困地區學生上重點高校的長效機制，加大對貧困家庭大學生的救助力度。近年來，福建省高校本專科生資助工作有序開展。截至 2016 年 12 月，全年生源地信用助學貸款 8.35 萬筆，放款總額近 5.2 億元；享受國家勵志獎學金 19263 人，

資金 9631.5 萬元；享受國家助學金 113545 萬人，資金 32665 萬元。同時，根據區域發展的要求，調整優化高職院校專業結構，擴大對農民子女招生的規劃，提升專業服務產業發展能力，如福建省積極引導部分普通本科高校向應用型轉變，全面提高學校服務區域經濟社會發展和創新驅動發展的能力。

三、精準教育扶貧的主要舉措

精準教育扶貧是脫貧攻堅的治本之策，是一項系統性工程，更是助力脫貧攻堅深入推進的強大支撐。針對教育最薄弱領域和最貧困群體，精準幫扶，加大對貧困學生的關愛幫扶力度，促進教育強民、技能富民、就業安民，使建檔立卡貧困戶的子女上升有通道、就業有技能、發展有希望，切實阻斷貧困代際傳遞。

（一）貧困地區教育發展存在的主要問題

支援貧困地區教育事業發展，推進教育扶貧，是一項基礎性、長期性工作，我國在教育扶貧方面已經開展了大量卓有成效的工作，為下一步打贏脫貧攻堅戰積累了寶貴經驗。但貧困地區教育發展仍比較滯後也是不爭的事實，主要表現在[1]：

---

1 朱之文：〈扎實推進教育脫貧　著力阻斷貧困代際傳遞〉，《行政管理改革》2016 年第 7 期，第 4 ~ 10 頁。

1. 教育基礎薄弱

貧困地區大都地處山區、牧區和高寒高海拔地區，資源稟賦差，教育欠帳多，辦學條件不足。比如，全國連片特困地區尚有 1020 多萬平方米中小學危房，義務教育學校近 40% 體育運動場不達標、近 40% 的理科實驗室缺儀器設備、超過 22% 的校園未接入互聯網；小學五年保留率比全國平均水準低 10 多個百分點，初中畢業生升學率低 20 多個百分點。

2. 教育資源合理佈局難度大

城鎮化、工業化引發了大規模人口流動，學齡人口變動頻繁，出現了大量農村留守兒童和進城務工人員隨遷子女。2015 年全國共有 2019 萬農村留守兒童、1367 萬進城務工隨遷子女，避免讓他們在教育的起跑線上就種下貧困的「種子」，是一項複雜而艱巨的任務。近年來，一些地方出現了農村學校空心化和城鎮學校「大班額」矛盾疊加的現象。如何面對這一新情況，科學合理地佈局城鄉教育資源，是一個重大挑戰。

3. 職業教育發展滯後，人才培養水準亟待提升

貧困地區往往是農業大縣、工業弱縣，產業結構單一，職業教育發展滯後。全國有 253 個縣沒有中等職業學校，基本都在集中連片特困地區。貧困地區的職業學校，普遍缺乏實習實訓條件，難以培養學生實踐操作能力。部分學生因對職業學校教學條件不滿意而選擇輟學，

有的職業學校學生畢業後難以在當地順利就業。

4. 農村教師整體素質不高

近年來，雖然貧困地區農村教師隊伍建設取得明顯進展，但仍是教育最薄弱的環節，主要是待遇偏低，性別、年齡、學科結構不合理，結構性缺編突出，教師發展機會較少，「下不去、留不住、教不好」的問題依然突出。

5. 教育經費不足

貧困地區經濟發展滯後，95% 以上的縣財政不能自給，財政能力和城鄉居民收入水準對教育的支撐能力不足。「十三五」期間，貧困地區在擴大鄉村普惠性學前教育資源、全面完成義務教育薄弱學校改造任務、完善普通高中經費保障機制、化解普通高中債務、推進職業院校發展等方面，仍需要大量經費投入。

6. 貧困地區脫貧致富的內生動力有待進一步激發

多年來，一些貧困地區的幹部群眾不同程度存在「等靠要」思想，發展教育、擺脫貧困的主觀能動性仍需進一步調動。另外，受「讀書無用論」等觀念影響，部分貧困家庭子女輟學外出打工的現象常有發生。

（二）提升教育扶貧的精準度和實效性

教育扶貧是一項系統性的工程，涉及面廣、工作難度大。努力構建到村、到戶、到人的精準教育扶貧體系，實施精準教育扶貧政策，可以聚焦需要幫扶的貧困家庭子女，通過整合物力、人力、財力等資源，推動扶貧工作由「輸血式」向「造血式」轉變，提高措施實施的精準度和實效性，讓貧困地區和貧困群眾通過教育改變命運，促進貧困家庭從根本上脫貧致富。

1. 對象要精準

推進精準教育扶貧，基礎是扶貧對象要精準。教育扶貧不是普惠性的福利，而是補齊貧困地區教育的短板，有針對性地使教育扶貧能落地生根。實事求是的精神必須貫穿始終，根據貧困的類型和原因、發展的資源和條件，科學制定教育扶貧開發方案，提高精準性、系統性和可操作性。既要注重整體聯動，著力解決制約貧困地區教育發展的基礎設施、師資保障、教學條件等，又要突出扶貧重點，針對特困戶重點幫扶，提升其自我發展能力，使他們增強獲得感、得到真實惠；既要認真摸排，核清真正的貧困人口，特別是貧困家庭子女的情況，又要搞清楚貧困地區學前教育、義務教育、高職教育的情況。

在精準改造的過程中，一定要從最困難的地區入手，特別要聚焦基礎較為薄弱的學校。只有這樣，才能讓貧困家庭子女不僅有學上，還能上好學校。要滿足貧困地區教育的基本要求，做好雪中送炭的工作。只有精準地識別教育扶貧對象，才能真正摸清貧困地區教育的底數，確保扶貧資源向貧困地區教育集中，使「真貧困者」和「返貧困者」

能夠得到更為有效的扶持和幫助。

　　近年來，有些地方依託教育信息化建設，為教育脫貧提供精準的信息支撐。為提高資助工作精準度，2015 年，福建省構建起學生資助網、學生資助信息化工作平臺和微信公眾號三位一體的學生資助工作信息化系統，為教育扶貧提供了大數據支撐，有利於實現資助工作的精準化管理，提高工作的效能和服務水準。

2. 方式要精準

　　要完善教育扶貧規劃，發展普惠性金融，推動教育扶貧大發展。針對不同層次教育階段，實施不同的資金扶持策略。增加學前教育補貼，推動學前兒童營養提升計畫；實行「錢隨人走」策略，保障貧困家庭子女在義務教育階段享受「兩免一補」；高中階段不僅學雜費全免，還要增加生活費補助；大學階段完善高校資助計畫，將補助科學有效地覆蓋到貧困大學生。從 2016 年開始，福建省每年按上年度地方一般公共預算收人的 2‰籌集資金，專項用於精準扶貧精準脫貧。教育扶貧資金不僅有地方資金的補貼，而且還有公益助學的參與。為了提高扶貧的精準度，福建在省級 23 個扶貧開發重點縣陸續創建「兒童快樂家園」，加大對困難家庭兒童、留守兒童的家庭教育幫扶力度。同時，省婦女兒童發展基金會繼續推行「春蕾計畫」，實施助學、成才、圓夢、護蕾四大公益專案，針對貧困家庭的小學生、初中生、高中生、大學生，每人每年分別給予 900 元、1500 元、3000 元、5000 元的資助。

3. 內容要精準

要推動教育扶貧的精準化，重點是政府專案安排要精準。提升教育扶貧品質，切忌亂喊口號，好高騖遠，把扶貧工作當作政績工程；要多聽貧困群眾的心聲，真正把貧困地區教育的需求納入扶貧範圍。

加強教育幫扶力度，提高貧困地區人力資源素質，是教育扶貧不懈努力的目標。近年來圍繞「教育公平發展和品質提升」，各級政府做了巨大的努力，促進教育資源特別是人才資源向貧困地區傾斜，加強教育扶貧，增加教育資源投入，降低適齡兒童失學輟學比例，貧困地區人口平均受教育的年限得到較大提高，教育現代化取得長足發展。針對不同階段的教育，有針對性地實施教育品質提升計畫：在基礎教育方面，追求公平，實施普惠性學前教育資源支持；在義務教育階段，追求均衡發展，貧困地區與發達地區的教育差距逐步縮小；在普通高中教育階段，追求免費教育，實施免除雜費覆蓋建檔的貧困家庭子女；在職業教育過程中，追求現代化發展，鞏固提高教育品質，積極發展本科層次以上的職業教育，扶持應用型學校的轉型；在高等教育階段，追求內涵式發展，進一步調整保障貧困地區農村學生上重點大學的政策措施，拓寬貧困家庭子女向上流動的渠道。2015 年，福建省建立健全各階段教育資助體系，為教育品質提升提供物質保障。完善各階段的資助政策，提高資助的標準。在普通高中國家助學金方面，在不同檔次上分別每年增加 300 ～ 500 元的補助，覆蓋至城鄉低保家庭、孤殘學生、烈士優撫家庭等，資助比例實行動態管理；在中職教育國家助學金方面，在原來檔次上每年提高 500 元。同時，繼續完善高校學生資助政策，進一步推進國家開發銀行生源地貸款工作，規範研究生

國家獎學金評審工作。在中職非全日制學歷教育方面繼續推動免學費的政策支持。

4. 目標要精準

貧困家庭子女的順利就業是切斷貧困代際傳遞的關鍵。一方面，貧困子女的教育投入經費占比高，家庭必然期望其有業可就，更期望其能夠高水準就業；另一方面，只要家庭中有一個人長期就業，就可能逐步達到全家穩定脫貧的目標。

近期，《中國青年報》發表了《用機會公平阻斷貧困代際傳遞》的文章，報導了貴州道真縣的情況。道真縣位於貴州最北部，是國家級貧困縣。讀書在當地人看來是擺脫貧困最好的通道，即便砸鍋賣鐵也要供養子女讀書。然而，就業的現實卻是殘忍的，許多靠讀書走出大山的大學生因無法就業，無奈又回到縣裡。貧困家庭子女因為社會資源有限，視野因家庭困難所惑，常常在就業的時候處於下風，因此，就業幫扶的精準關鍵是增強其自身的就業能力。針對貧困大學生，在實現資助政策全覆蓋的同時，應對他們開展職業指導和培訓，落實高校畢業後服兵役、下基層的優惠政策，鼓勵貧困家庭畢業生回鄉自主創業；針對未繼續升學的初高中畢業生，要廣泛開展職業技能教育培訓，儘量提升他們的自我發展能力，培養適應市場發展所需的知識與技能，促進貧困家庭子女的非農就業，使貧困地區和貧困人口獲得平等的發展機會。同時，要適當擴大高等學校對貧困地區的招生規模，增加貧困地區子女接受高等教育的可能性。實行定向招生，吸引貧困大學生回鄉就業創業，既能方便其就業發展，又能增強貧困地區脫困

的內生力。通過加快實施中西部高校基礎能力建設工程，增加中西部地區的本科高校數量，引導更多高校畢業生在中西部就業，推動貧困地區經濟與教育的發展。

精準地進行就業幫扶，阻斷貧困代際傳遞，福建省晉江市政府走在了前面。2015年，晉江市政府採取「輸血」和「造血」的政策，針對貧困家庭的就業問題綜合施策。對於就業難的幫扶對象，通過技能培訓、職業介紹、扶助創業等方式，說明他們實現就業、再就業或自主創業，增加特困家庭收入。依託青少年社工事務所社工服務專案組開展創業工作坊活動，邀請往年幫扶他人成功創業和正在籌畫創業的對象參加，為他們搭建良好的溝通互動平臺。對於擬創業對象，專案可落實又確有資金需求的，予以「一事一議」突破幫扶資金數額，增加資金支援力度，說明貧困對象樹立信心。

5. 制度要精準

精準的教育扶貧離不開制度的完善。教育扶貧戰略的實施離不開考核管理的精準運行，因為考核既是「風向標」也是「指揮棒」。精準的教育扶貧考核體系能夠保證扶貧工作導向不偏不倚。一方面，能夠防止個別地方政府以扶貧工程為形象工程，巨額投入只注重形象維護，而不注重扶貧的精準；另一方面，以考核為切入點，能有效提高各地政府教育扶貧的積極性。當然，完善考核制度也要辯證地處理好貧困地區的客觀實際情況與主觀努力程度的關係，以及當前利益與長遠考慮的關係，促進教育扶貧工作落到實處，改善貧困地區教育發展水準。

　　比如，實現城鄉公共教育服務均等化戰略的實施就離不開制度的保證。近年來，國家師範生免費教育政策進一步完善，各地紛紛實施師範生免費教育。為了改善農村師資隊伍，吸引廣大男生投入教師行業，2015年福建省出臺《福建省師範生免費教育試點辦法（試行）》，啟動免費師範生教育試點，進行單列計畫招生。福建師範大學等5所院校承擔培養工作，首批計畫招收500名男生。

　　做到扶持対象、扶貧方式、幫扶内容、扶困目標、制度運行這「五個精準」，就一定能充分發揮教育扶貧的人才、智力、科技、信息優勢，提高貧困家庭子女的脫貧能力。「再窮不能窮教育」，這是老百姓最普通的訴求。在全面建成小康社會的最後攻堅階段，通過國家層面加強頂層設計，將治愚、扶智作為扶貧開發的長遠之策和根本大計，對教育扶貧工作進行系統部署，真正打好「精準」組合拳，切實加大對貧困地區、貧困人口的教育扶持力度，著力從源頭上阻斷貧困的代際傳遞，讓貧困家庭子女都能夠享受公平有品質的教育，讓精準的教育扶貧踐行阻斷貧困代際傳遞的光榮使命。

第五章

夯實基層組織：擺脫貧困奔小康的重要前提

　　促進貧困地區群眾脫貧奔小康，既是全國人民的殷切期盼，也是廣大黨員幹部不容推卸的政治責任和重要使命，是踐行黨的根本宗旨的重要體現和鞏固黨的執政基礎的重大舉措。20 世紀 90 年代初習近平同志深刻指出：貧困地區的發展，一靠黨的領導，二靠人民群眾的力量。[1] 黨的十八大以來，習近平對扶貧工作的關注和對貧困群眾的關懷始終如一。2015 年 6 月，在貴州召開的扶貧工作座談會上，習近平強調「十三五」時期是我們確定的全面建成小康社會的時間節點，全面建成小康社會最艱巨最繁重的任務在農村，特別是在貧困地區，並就加大力度推進扶貧開發工作提出了切實落實領導責任、切實做到

---

1 習近平：《擺脫貧困》，福州：福建人民出版社 2014 年版，第 13 頁。

精準扶貧、切實強化社會合力、切實加強基層組織的四個具體要求。[1]
其中，切實加強基層組織無疑是其他三個方面落地見效的重要保證。
2017 年 6 月，習近平在山西太原市主持召開深度貧困地區脫貧攻堅座
談會，指出要夯實農村基層黨組織，選好書記，配強領導班子，發揮
好村黨組織在脫貧攻堅中的戰鬥堡壘作用。[2]農村是脫貧攻堅戰的主戰
場，扎實推進農村基層組織建設是開展扶貧攻堅、推動農村建設發展
的關鍵環節和首要前提。貧困地區要把基層組織建設融入扶貧攻堅的
各方面和全過程，構建以基層組織建設為引領、統籌推進扶貧開發的
新機制，實現基層組織建設與扶貧開發雙推進，把組織優勢化為脫貧
優勢，把組織活力變成攻堅動力。

一、農村基層組織是脫貧攻堅的堅實基礎和力量支撐

　　黨的十九大報告指出，黨的基層組織是確保黨的路線方針政策和
決策部署貫徹落實的基礎。農村基層組織是最瞭解村級集體經濟系統
與村民所需所想的基層組織，是黨在農村全部工作的堅實基礎和力量
支撐，是黨聯繫農民群眾的堅實紐帶和貫徹落實黨的扶貧開發工作的
戰鬥堡壘，是貧困治理和美好鄉村建設的組織者和實施者，是農村社
會穩定發展的力量所在。隨著 2020 年全面建成小康社會的時間節點越

---

1 〈習近平在部分省區市黨委主要負責同志座談會上強調　謀劃好「十三五」時期扶
　貧開發工作　確保農村貧困人口到 2020 年如期脫貧〉《人民日報》2015 年 6 月 20 日。
2 〈習近平在深度貧困地區脫貧攻堅座談會上強調　強化支撐體系加大政策傾斜　聚
　焦精準發力攻克堅中之堅〉，《人民日報》2017 年 6 月 25 日。

來越近，扶貧開發工作已進入「啃硬骨頭」、攻堅拔寨的衝刺期，「越是進行脫貧攻堅戰，越是要加強和改善黨的領導」，要確保到 2020 年所有貧困地區和貧困人口一道邁入全面小康社會，必須「堅定信心、勇於擔當，把脫貧職責扛在肩上，把脫貧任務抓在手上」。[1]脫貧攻堅新階段，貧困地區要充分發揮農村基層組織「窗口」和主渠道以及先鋒模範作用。

（一）農村基層組織的含義

眾所周知，村黨支部與村委會是最重要的兩個農村基層組織，也是廣大村民群眾最為熟知的村莊權威組織。隨著村民自治的實施，農村基層組織的含義與特點也隨之發生新的變化，其構成呈現多元化的發展趨勢。廣義的農村基層組織指設在鎮（辦事處）和村一級的各種組織，主要是指村級組織，包括基層政權、基層黨組織和其他組織三個方面，主要有村黨組織、村民委員會、村團支部、村婦代會等。農村基層組織是推進農村各項工作和村民自治發展的實踐者和保障，是貫徹實施法律法規、開展基層群眾自治的組織載體，也是黨和國家在農村各項工作的落腳點，承擔著農村社會管理和社會服務的重要職責。由此可知，農村基層組織建設是黨領導農村工作的重要方面，同時也是黨的組織工作的重要組成部分，直接關係著農村穩定、農業發展、農民富裕和農村全面小康的順利實現。實踐證明，要解決農村問題，

---

1 〈習近平在中央扶貧開發工作會議上強調　脫貧攻堅戰衝鋒號已經吹響　全黨全國咬定目標苦幹實幹〉，《人民日報》2015 年 11 月 29 日。

最根本的就是要把農村基層組織建設成為能夠帶領群眾共同致富的堅強領導核心。重視和加強農村基層組織建設，充分發揮其應有作用，對維護農村社會穩定，推動經濟發展，特別是脫貧攻堅，具有十分重要的意義。

　　農村基層組織是黨和政府的路線、方針、政策在農村的宣傳者和執行者，是國家政權建設的重要組成部分，具有時代性、整體性、系統性、綜合性、歷史繼承性等特點，它的重要地位主要表現在：首先，農村基層組織建設是國家穩定、社會和諧的保證。基層組織的工作對象是廣大農民群眾，面對的是農村、農業、農民這個長期棘手的「三農」問題，這些問題往往會成為社會矛盾的爆發點。其次，農村基層組織是促進農村經濟發展的重要支柱。農業是國民經濟的基礎，在農業經濟發展方面，基層組織在組織領導、溝通協調、技術推廣、服務指導等多方面發揮著不可替代的作用。再次，農村基層組織是貫徹和實施國家法律、法規的主力。要有效完成國家的法律、法規貫徹實施任務，使廣大農民增強法制觀念，做到自覺守法並運用法律武器保護自己的合法權益。

（二）貧困地區農村基層組織的現狀

　　農村是脫貧攻堅戰的主戰場，農村基層組織和基層幹部是能否打贏這場硬仗的基礎保障。因此，只有以時不我待的緊迫感，充分利用農村基層組織「接地氣」的先天優勢，及時解決貧困農村基層存在的各種問題，將農村基層組織的工作對接精準扶貧工作，發揮其示範引領作用，著力營造風清氣正的脫貧致富社會氛圍和良好的產業發展環

境，夯實扶貧開發基礎，形成強大的戰鬥力，才能如期實現 2020 年所有貧困地區和貧困人口擺脫貧困、同步全面小康的宏偉目標。

改革開放以來，農村基層組織建設以固本強基為載體，加強了以黨支部為核心的基層組織建設，村級班子的凝聚力、戰鬥力明顯增強，同時健全規範了各項規章制度，基層民主法治建設穩步推進，並加大了對農村集體經濟的政策扶持力度，推動產業結構的優化調整，農村經濟得到了迅速發展。新形勢下，在農村基層組織中，村幹部思想觀念發生了新變化，年齡結構由高齡向低齡化過渡，知識結構由低層次向高層次逐步提升，活動陣地由一村一室向多功能轉變。農村基層組織建設取得明顯成效，在農村經濟發展及社會穩定等方面發揮了積極作用。

但同時也應該看到，一些貧困地區的農村基層組織存在村級經濟薄弱、組織活動不規範、幹部工作熱情不高、管理制度不完善、組織功能有所弱化等問題。當前農村基層組織建設存在的問題，突出表現在：

1. 農村基層組織建設與加快農業農村發展的要求不相適應

加快全面建成小康社會，大力推進農業農村發展，需要基層組織強化領導和服務作用，而部分農村基層幹部難當此任，尤其是在經濟相對落後的貧困地區，農村基層組織存在被「邊緣化」的危險。主要表現在：一是引領發展現代農業的能力比較弱。面對農業市場化、農業產業化的新要求，一些農村基層組織和基層幹部不懂不會的問題比較突出，難以向農民提供必要的信息諮詢、技術指導、市場行銷等服

務，進入不了農村經濟發展的主戰場，難以勝任帶領農民脫貧致富排頭兵的職責。二是協調新形勢下的農民利益關係不到位。在農村改革發展轉型時期，由征地拆遷、利益分配等引發的矛盾衝突時有發生，導致「說話沒人聽、辦事沒人跟」，凝聚力、戰鬥力和號召力大打折扣。

2. 貧困農村集體經濟薄弱，限制了農村基層組織作用的發揮

農村經濟薄弱村轉化的艱巨性與農民實現共同富裕願望的迫切性之間的矛盾突出。隨著改革開放的深入和「三農」政策的傾斜，廣大農民走上小康路，但目前有些貧困農村集體經濟薄弱，部分行政村基本上或完全沒有集體經濟收入，農村基層組織缺乏帶領群眾脫貧致富必要的物質條件，修橋、鋪路等社會公益事業無力去辦，有的基層組織辦公開支要向群眾攤派，村各項工作的正常運轉難以為繼，基層組織在群眾中的威信不高。由於集體經濟薄弱，黨支部缺乏經濟基礎和物質依託，有的甚至連工資也發不出來，導致基層幹部工作熱情受挫，削弱了基層組織的凝聚力和吸引力。因此，從某種意義上說，集體經濟的薄弱，嚴重制約著農村基層組織工作的開展和黨支部領導核心作用的發揮。

3. 貧困地區農村基層後備幹部儲備不足，培養意識明顯不夠

部分貧困地區農村基層幹部的培養、選拔、任用缺乏健全的機制，基層幹部隊伍老化現象較為嚴重。主要表現在：一是年齡老化。隨著改革開放的進一步深入和城鎮化的發展，加快了區域間人員的流

動，農村地區中青年勞力外出尋求發展機會的現象越來越普遍，留守在家的以婦女、老人和小孩為主，造成農村基層組織幹部年齡老化現象突出。加上基層幹部培養意識薄弱，農村宗族觀念和本位思想較為嚴重，有些基層組織幹部自我保護意識過重，甚至擔心後備幹部會對自身位置構成威脅，對年輕同志特別是對於非本宗族者加入基層組織心存芥蒂，以種種理由推託，面對現實不願積極主動地去引導、培養和發展新生力量，造成農村基層組織缺乏新鮮血液，後繼乏人問題突出。這給貧困農村基層組織建設帶來了嚴重的不良後果，基層黨組織難以發揮核心作用，許多農村黨員年老體弱，不僅難以帶領群眾發家致富、做出示範，甚至自身還需要幫助和扶持。二是知識老化。農村擺脫貧困應立足本地，善於把區域優勢、地理優勢變成經濟優勢。但有些貧困農村基層幹部文化程度低，加之平時學習不夠，知識更新緩慢，不瞭解領導科學知識、管理知識、法律知識，視野相對狹隘，思維封閉，綜合素質較低，宗旨意識淡薄，缺乏民主意識和必要的政策水準，導致工作手段弱化，辦事方式單一、老套，不善於用引導、法制等綜合方式去說服群眾，看問題孤立片面，往往造成「法律手段不會用，行政手段無法用，經濟手段不敢用，思想教育手段不管用」的尷尬局面，造成幹群關係的疏遠和緊張，不利於貧困農村基層黨組織的發展和基層工作的開展。

　　與發達地區相比，貧困農村基層組織建設過程中存在的問題和困難更為突出，既有客觀因素又有主觀因素。從客觀上講，貧困地區因地理位置偏僻，發展潛力受限，導致其基層組織建設缺乏有力的經濟支撐，幫扶資源短缺，現有的幫扶資源不能滿足貧困戶脫貧的需要。一是自然條件惡劣。貧困農村多是氣候異常，山高坡陡，土地分散，

澆灌困難，特別是位於西部的部分貧困地區荒漠化半荒漠化現象嚴重，同樣的生產資料帶來的效益差。二是人口素質不高。貧困農民大多文化水準和素質不高，培養新型農民和推進扶貧開發的任務艱巨。三是基礎設施落後。貧困農村公共基礎設施有待進一步配套建設和維護利用，以提高抵禦自然災害和風險的能力。四是經濟發展潛力小。貧困農村發展經濟的條件落後，資金短缺，人才匱乏，集體經濟薄弱，青壯年勞動力外出務工多。

　　從主觀上講，受體制環境的影響，貧困地區農民總體思想素質滯後，基層組織的戰鬥堡壘作用發揮不明顯，導致貧困戶眼界狹小，「等靠要」思想嚴重，被動等待幫扶，主動脫貧的積極性較差。首先是黨員問題。部分基層黨員缺乏民主意識和民主觀念，行政命令意識殘留，管理服務意識缺乏，仍有部分基層幹部在開展工作的時候以「下命令」「提要求」的方式行事，工作方式粗暴簡單強硬而缺乏藝術和技巧，管理服務意識缺乏，幹群關係緊張，導致黨務、村務開展困難，工作推行受阻，同時也造成幹部之間關係不和諧，不利於貧困農村各項工作的開展和扶貧開發工作的有效推進。其次是組織問題。一是「兩委」職責分工不清，農村基層組織戰鬥力受損。妥善處理「兩委」班子關係，是農村基層組織建設的基本前提。村黨支部和村民委員會雖然性質不同，但根本目標一致，都是為了維護群眾根本利益，促進農村經濟社會發展，帶領群眾脫貧致富。但現實中，由於缺乏全域觀念，一些農村基層「兩委」定位不清，權責不明確，決策執行出現扯皮推諉、互不相讓的「兩張皮」現象，導致基層組織軟弱渙散，形同散沙，工作處於被動局面。加之部分地方家族、宗族等勢力左右村幹部的工作，導致「想幹事、會幹事、能幹事」的村幹部不能很好地發揮作用。村

級組織工作效率低下，離農民群眾的要求相差甚遠，削弱了村級黨組織的凝聚力、戰鬥力和號召力，使其戰鬥堡壘作用得不到有效發揮。二是有些農村基層組織缺乏暢所欲言的民主氛圍，負責人獨斷專行，思想守舊，民主意識薄弱，在生產和村務管理中常常採用強迫命令和強制性行政手段，根據實際情況進行創新和改革的能力欠缺，難以適應時代發展的要求，影響貧困農村基層工作的開展。三是有些地方缺乏相應的監督制約機制，黨務、村務不公開，辦事不公道，監督虛設，往往是以無權監督有權，以弱勢監督強勢，監督主體軟弱無力，黨內黨外監督各自為政。

（三）農村基層組織在脫貧攻堅中應發揮重要作用

農村基層組織建設與扶貧開發工作的落腳點都在農村，農村基層組織建設的強弱直接決定扶貧成效的好壞。在實際工作中不難發現：同類的扶貧項目，在有些村實施能取得非常明顯的效果，不僅村容村貌發生顯著變化，而且能得到群眾的擁護和領導的讚譽；一些村獲得的扶貧項目、扶貧資金並不少，然而多年過去，不僅山河依舊，仍然年年喊窮，年年離不開扶持；更有少數村，在扶貧項目實施後，非但沒有取得應有的效果，反而引起群眾不滿甚至上訪。可見，農村基層組織建設是關係貧困農村人心向背的一項大工程，關係到農村基層各項工作能否順利開展，是解決農民問題、保障農民生活和實現脫貧奔小康宏偉目標的必要條件和重要前提。農村穩，則全域穩；農業豐，則人心定；農民富，則小康成。扶貧開發工作是一項長期的、複雜的、艱苦的系統工程，需要廣大基層黨員幹部積極參與、共同努力，農村

基層組織在扶貧開發中應充分發揮作用。

1. 加強貧困農村基層隊伍建設

俗話說，「火車快不快，全靠車頭帶。農村富不富，關鍵看支部」，村「兩委」班子就是帶領廣大農民群眾走小康致富路的「火車頭」。要打贏精準扶貧這場硬仗，必須要發揮一線戰鬥人員的作用，而村「兩委」幹部就是貧困農村基層身處一線的戰鬥員，他們熟知村情民情，在扶貧方法和方案設計中常常能夠起到畫龍點睛的作用，能為上級做出正確決策提供最準確的一手信息。因此，要打贏扶貧攻堅戰，發揮好村「兩委」幹部的作用、提升他們的戰鬥力至關重要。

值得一提的是，福建省在長期的基層隊伍建設工作中摸索出了一套駐村幹部選派機制。自 2004 年以來，福建省駐村工作堅持採取組織化運作、科學化選派、目標化管理、立體化幫扶、人性化保障等綜合措施，各級選派 4 批共 1.6 萬多名黨員幹部到村擔任黨支部第一書記，累計投入各類幫扶資金 170 多億元，有力推動了福建省農村經濟社會協調發展，並在全國產生重大影響。[1]

20 世紀 90 年代末，針對農業生產經營水準低、農產品難賣、基層組織作用弱化等問題，福建省南平市先後從機關向農村下派科技特派員、村黨支部書記、鄉鎮流通助理等三支隊伍，深入農村一線，合力破解「三農」難題。2002 年 4 月，時任福建省省長的習近平到南平市專題調研，充分肯定南平的做法。他說，幹部下派到基層，密切了黨

---

1 黃雪梅、林淑霞：〈播撒希望　強村富民〉，《福建日報》2016 年 6 月 2 日。

群幹群關係，鞏固了黨的執政地位，也培養、磨煉了自己。希望繼續改革創新，將其發展、提高為一種長期有效的農業和農村工作新機制。當年，習近平在《求是》雜誌撰文《努力創新農村工作機制——福建省南平市向農村選派幹部的調查與思考》，對南平開創性的工作實踐進行總結和推廣。文章指出，幹部下基層是我們黨的優良傳統，也是各級黨委、政府抓工作的一個重要方法。它不是以解決某一個方面的問題為目的，而是運用綜合性的手段和方法來努力解決農村經濟和社會發展的全面問題；它不是為完成突擊性、短期性工作任務而採取的一時之策，而是以一個較長的工作週期來整體推動農村經濟和社會的發展。這是一種新的農村工作機制，是對新形勢下農村工作機制的創新嘗試。

福建省扎扎實實、堅持不懈地開展選派幹部駐村工作，一任接著一任幹，攻堅克難，不斷激發農村發展活力。在總結南平經驗的基礎上，福建省委、省政府提出以「高位嫁接、重心下移、互動聯動、一體運作」為主要內涵的農村工作新思路，並於 2004 年 7 月出臺《關於創新農村工作機制的若干意見》，全面而持續地實施「政策扶持、部門掛鉤、資金捆綁、幹部駐村」工作機制。每 3 年選派一批幹部駐村，每一批任職期限 3 年，持之以恆地開展工作。除了選派駐村幹部機制外，福建省還從 2015 年開始按照「開竅、叫好、見效、變貌」的辦班要求，每年開辦 10 期扶貧開發工作重點縣村支部書記培訓班，同時用 2～3 年時間，採取務實管用的教學培訓辦法，對 23 個省級扶貧開發工作重點縣約 2000 名村支書分批集中培訓，力爭提高村主幹綜合能力，加強農村基層隊伍建設。

妥善處理「兩委」班子關係，要進一步明確村黨支部的領導核心

地位，加強村黨支部「總攬全域，協調各方」的作用。要把村「兩委」班子配齊配強，把致富帶頭人、經濟能人、返鄉農民工、復員退伍軍人等具有經濟意識和帶頭帶領村民致富的能力、具有較強的組織管理能力和較高的群眾威信的群眾選入村「兩委」班子中。要加強村級後備幹部人才庫建設，把「大學生村官」作為後備村幹部重點培訓對象，利用大學生的知識、年輕有衝勁來提升基層組織戰鬥力。

2. 發揮農村基層黨員表率作用

「有危險，我先上；有困難，我來幫」是黨員幹部的錚錚誓言，作為基層黨員幹部有責任去幫扶困難群眾，解決他們的實際困難，幫助他們尋找發展致富的路子，在精準扶貧工作中發揮表率作用。

首先，堅定理想信念，自覺踐行擔當精神。崇高的理想信念是人生的精神支柱，農村基層黨員幹部不僅要做偉大理想的傳播者，更要做偉大理想的模範實踐者。基層黨員幹部參與精準扶貧工作是義不容辭的責任，要自覺踐行擔當精神，把精準扶貧責任扛在肩上、放在心上、落實在行動上，用自己的行動做出示範，點燃群眾脫貧致富的熱情。其次，基層黨員幹部要以身作則，自主創業，做致富帶頭人，以自身的致富實踐，教育引導貧困群眾克服等、靠、要的依賴思想，激發其致富願望，根據每戶貧困戶自身情況，搞好結對幫扶，採取親幫親、鄰幫鄰等方式，組織村幹部、村民小組長、黨員、種養大戶等結對幫扶貧困群眾，因地制宜謀劃和發展扶貧產業，幫助群眾尋求加快發展新路，幫助和支持困難群眾發展生產，增加收入。

精準扶貧，責任重於泰山，基層黨員幹部在精準扶貧工作中必須

發揮表率作用，時刻保持知難而進、迎難而上的豪情銳氣，在困難面前站得出、危難關頭豁得出，不計個人得失，事事想在前頭、處處趕在前頭，不遺餘力做好精準扶貧工作。

3. 發揮宣傳陣地功能

農村基層組織要做好政策宣傳，善於通過基層典型宣傳和推廣促進扶貧開發工作。通過樹立貧困村擺脫貧困的典型，提供可供學習和參考的脫貧致富的經驗和示範，把農村中創業致富、積極扶持貧困戶的黨員作為帶富典型宣傳，使之成為黨員學習的榜樣；把積極轉變觀念、依靠一技之長增加收入的貧困戶作為致富典型宣傳，使之成為農民學習的榜樣。把遠端教育網絡作為宣傳典型的平臺，在農村基層組織遠端教育網絡開設基層組織建設工作與扶貧開發的專門欄目，拓展典型宣傳的廣度和深度。

近年來，福建省寧德市在扶貧開發工作中就十分重視基層典型的宣傳，按照「樹典型、重實效、走前頭、作表率」的要求，提出典型培育要體現特色，有各自的特點和亮點；要力戒形式主義，根據各自的能力水準、發展前景，實事求是、科學有序地培育；要處理好外延與內涵的關係，培育有實力的實實在在的典型；要處理好典型引路與整體推進的關係，實現以點帶面、由「盆景」到「花園」，整體推進。先後湧現出霞浦縣三沙鎮東山村（造福工程搬遷與產業扶貧典型）、福鼎市磻溪鎮赤溪村（精準扶貧典型）、福鼎市店下鎮三佛塔村（黨建扶貧、新村建設和產業帶動典型）、柘榮縣東源鄉嵐下洋造福工程搬遷安置點福源社區建設（整村搬遷集中安置與就地轉移就業扶貧典

型）和福安市穆雲鄉虎頭村（產業扶貧與美麗鄉村建設典型）等各類扶貧典型村。[1] 同時，當地政府還出臺新政策加大對在扶貧工作中有突出表現的基層黨組織和基層黨員的表彰和宣傳力度，並將先進經驗在全市範圍內推廣，供全市基層組織學習交流，要求做到學有所得、學有所悟、學有所動、做有所成。

二、始終堅持農村基層黨組織領導核心地位不動搖

習近平指出，基層是黨的執政之基、力量之源。治國安邦，重在基層；管黨治黨，重在基礎。黨的農村基層組織處在農村工作的最前沿，是黨的全部工作和戰鬥力的基礎，是農村基層各種組織和各項工作的領導核心，是黨在農村最堅實的組織和力量支撐，是黨團結和帶領農民擺脫貧困實現小康的戰鬥堡壘。我們黨 90 多年的奮鬥歷程和 60 多年的執政經驗反復證明，黨關於「三農」問題的理論和主張需要農村基層黨組織和黨員廣泛而深入地宣傳解釋，上級黨委對農村工作的各項部署要通過基層黨組織團結帶領群眾去實施和完成，農民群眾生活的改善要靠農村基層黨組織來推動，黨在農民群眾心目中的形象要靠農村基層黨組織來維護。黨的農村基層組織狀況如何，直接關係到黨的形象，關係到黨的路線、方針和政策的落實，關係到黨與人民群眾的血肉聯繫。抓好這個關鍵，才能牢牢握住農民富裕、農業繁

---

1 吳建明、蘇晶晶：〈樹典型　重實效　走前頭　作表率　全面提升寧德扶貧開發工作水準〉，《閩東日報》2016 年 4 月 28 日。

榮、農村穩定的定海神針。

（一）黨的農村基層組織是農村各種組織和各項工作的領導核心

　　加強農村基層組織建設，重點是要抓好農村基層黨組織建設，農村基層黨組織建設是黨在農村執政的關鍵。1990 年 8 月，中共中央組織部等五部委聯合在青島萊西召開了全國村級組織建設工作座談會，即「萊西會議」，總結和推廣了萊西縣加強以黨支部為核心的村級組織建設的經驗，從理論、政策和制度上確立了以黨支部為領導核心的村級組織建設工作格局，開啟了農村基層組織建設新篇章。

　　農村基層黨組織是農村各種組織和各項工作的領導核心，這是由黨的性質、地位和農村的實際情況所決定的，是黨章、黨內法規和國家法律明文規定的。農村基層黨組織的領導核心地位，要求村民委員會等群眾自治組織和婦女、青年、民兵等群眾組織都必須接受村黨支部的領導，發揮各自的作用，促進各項工作的健康發展。概括起來講，領導核心地位主要體現在：第一，是確保黨的路線方針政策在農村得到貫徹落實的領導核心，在執行中央和地方各級黨組織的決策部署中起著組織者、推動者的作用。第二，是農村各種組織的領導核心，無論是行政組織、經濟組織和群眾自治組織，還是各類社會組織，都要在黨組織領導下按照法律和各自章程開展工作。第三，是農村各項工作的領導核心，農村經濟社會發展各方面的重要工作、重要問題，都要由黨組織在廣泛徵求意見的基礎上討論決定、領導實施。第四，是團結帶領農民群眾建設美好生活的領導核心，是黨聯繫廣大農民群眾

的橋樑和紐帶。肩負著組織群眾、動員群眾、教育群眾、引導群眾的重要責任，肩負著改善群眾生產生活、維護群眾合法權益的重要責任。

九層之臺，起於纍土。習近平無論是在地方工作時還是到中央工作後，都反復強調要牢固樹立大抓基層的鮮明導向，堅持抓基層打基礎不放鬆，把基層黨組織建設成為堅強的戰鬥堡壘。無論農村社會結構如何變化，無論各類經濟社會組織如何發育成長，農村基層黨組織的領導地位不能動搖、戰鬥堡壘作用不能削弱。突出基層黨組織的領導核心地位，是堅持黨在農村領導地位的內在要求，是實現農村經濟社會健康發展的根本保證，也是抓好農村基層黨建之魂。農村基層黨組織的堅強穩固，對於鞏固黨的執政基礎、加強國家管理以及農村的發展進步和農民的幸福安康，都具有十分重要的意義。

1. 重視農村基層黨組織建設，是夯實黨在農村執政根基的內在要求

中國共產黨是有組織的統一整體，農村基層黨組織建立在農民群眾生產生活的現場，居於農民群眾之中，處於全面建成小康社會的第一線，是黨在農村最堅實的基礎和力量支撐，是黨聯繫農民群眾的橋樑和紐帶。回顧中國共產黨 90 多年的光輝歷程不難看出，重視基層黨組織建設是其優良傳統和成功經驗：土地革命戰爭時期，正因為黨堅持把支部建在連上，紅軍才能夠艱難奮戰而不潰散；抗日戰爭時期，正因為黨堅持根據地發展到哪裡基層組織就建到哪裡，敵後根據地才能夠不斷發展壯大；解放戰爭時期，正因為黨通過廣大基層黨組織把群眾有效動員起來，人民解放軍才能夠以小米加步槍打敗了擁有飛機

大炮的國民黨軍隊；社會主義建設和改革開放時期，正因為黨始終重
視和不斷創新基層黨組織建設，成為世界上基層組織最龐大、根系最
發達的政黨，才能夠克服各種艱難險阻，使黨的事業不斷向前發展。
可以說，我們黨在各個歷史時期取得的一切勝利，都是高度重視抓基
層打基礎的結果，這是我們黨的一個重要法寶，任何時候都不能丟棄
這個法寶。據中央組織部統計數據顯示，截至 2016 年底，中國共產黨
黨員總數為 8944.7 萬名，黨的基層組織 451.8 萬個，農村基層黨組織
覆蓋率超過 99%。基礎不牢，地動山搖。基礎堅固牢靠的農村基層黨
組織成為落實黨的農村工作任務的戰鬥堡壘和黨在農村執政的關鍵。

2. 重視農村基層黨組織建設，是檢驗黨的作風建設成效的重要舉措

　　黨的農村基層組織根植於廣闊的農村社會，廣大農村黨員幹部
與農民群眾工作生活在一起，與農民群眾聯繫最直接、最經常、最密
切，最能直接把握群眾的訴求和期盼，也更便於幫助他們解決現實困
難和問題。如果沒有一個能夠發揮引領作用的農村基層黨組織，就很
難立足村情，找到好的發展路子和致富專案，農民收入就很難持續增
長，作為全面建成小康社會短板的農村就很難與城市同步實現小康。
如果沒有一個能夠發揮推動作用的農村基層黨組織，就很難組織和動
員村民支援和參與改革，凝聚改革共識，激發改革動力，落實涉農改
革的各項任務。如果沒有一個能夠發揮示範作用的農村基層黨組織和
黨員群體帶頭學法、守法、用法，村民的法治觀念、法治素養也很難
增強和提升，農村依法辦事的規矩就很難形成，農村就很難和諧、

有序和穩定。如果沒有一個能夠發揮形象作用的農村基層黨組織和黨員群體，黨和農民的關係就會扭曲，黨在農村的威信就會受到嚴重損害，黨對群眾的感召力、影響力就會大打折扣，甚至可能出現不是跟著走而是對著幹的局面。反過來，農村基層黨組織的戰鬥堡壘作用發揮得怎樣，農村廣大黨員幹部的先鋒模範作用體現得如何，黨員幹部的領導素質和水準高低，廣大農民群眾眼裡看得最真切，心裡掂量得最清楚。因此，切實抓好農村基層黨組織建設，在全面建成小康社會的決勝階段時刻體現其先鋒模範作用、表率作用和支撐作用，充分發揮凝聚人心、推動發展、促進和諧的功能，是檢驗黨密切聯繫群眾、切實服務群眾的重要尺規。

3. 重視農村基層黨組織建設，是贏得扶貧攻堅戰的迫切需要

農村富不富，關鍵看支部；支部強不強，全靠領頭羊。貧困地區受地理區位、自然環境、歷史文化、經濟發展等因素的綜合影響，經濟發展緩慢，基礎設施比較薄弱。近年來，在一系列富民政策的指引和推動下，通過實施有組織、制度化的反貧困策略，貧困地區和其他農村地區一樣發生了喜人的變化，減貧成效明顯。但截至目前，全國尚有 14 個連片貧困地區和幾千萬貧困人口，成為實現 2020 年全面建成小康社會目標的最大障礙，對農村基層黨組織提出了新的任務和挑戰。農村基層黨組織作為基層的領導核心和戰鬥堡壘，是貧困農村各項工作的組織者、參與者、規劃者、實踐者，貧困農村實現脫貧致富，關鍵在黨。當前，一場轟轟烈烈的向貧困宣戰的扶貧攻堅戰已經打響，需要充分利用農村基層黨組織「接地氣」的先天優勢，為農村

基層黨組織能力發揮提供新的平臺。黨提出的脫貧致富方針和政策，全靠基層黨組織落實到田間地頭，黨的各項工作和任務，都要靠基層黨組織來完成。農村基層黨組織要把帶領農民脫貧致富作為最重要的任務，對接到精準扶貧工作中，發揮好示範引領作用，大力宣傳黨的富農惠農政策，並實事求是、準確定位，制定適合本地發展的產業規劃、村莊規劃等一系列經濟社會發展規劃，科學確定工作重點、工作思路和工作措施，推動政策落實。調動和激發貧困農民脫貧致富、建設自己美好家園的工作熱情和創業潛能，用好用足國家和省上政策，整合致富資金，全面促進農村的發展，把組織優勢化為脫貧優勢，把組織活力變成攻堅動力。只有緊緊抓住農村基層黨組織這個「牛鼻子」，才能把廣大農民群眾緊緊凝聚在一起，形成奪取扶貧攻堅勝利的強大力量，實現對貧困戶的精準對接和幫扶。

（二）強化農村基層黨組織領導核心地位

全面建成小康社會，貧困地區的小康和貧困人口的脫貧是最為艱巨的任務。扶貧工作的主戰場在縣及縣以下的農村，而農村基層黨組織是黨在農村全部工作的堅實基礎和力量支撐，是黨聯繫農民群眾的堅實紐帶和貫徹落實黨的扶貧開發工作的戰鬥堡壘。俗話說：上面千條線，下面一根針。上面這千條線是否能夠順利穿得下來，關鍵就要靠下面這根針來發揮好引線的作用。當前全國上下正如火如荼地大力推進扶貧開發攻堅工作，中央到地方出臺的各類扶貧開發政策、惠農政策就是上面的千條線，各地農村基層黨組織就是把上面這千條線貫穿到基層每一戶、每個人、每寸土地的這根針。沒有這根針的穿引，

上面這千條線連不到基層，接不了地氣，扶貧開發政策得不到落實、農村經濟得不到發展、農民收入得不到提高，脫貧致富奔小康就難以實現。只有針充分發揮好其引線的作用，上面千條線才能順利穿下來。扶貧開發過程中必須牢牢把握、聚焦聚力全面強化農村基層黨組織建設，為推動農村改革發展、促進農村經濟社會進步提供堅強保證和有力支撐。

1. 強化農村基層黨組織領導核心地位的關鍵在於選好用好農村基層黨組織帶頭人

習近平指出，做好抓基層打基礎工作，夯實黨執政的組織基礎，關鍵是要建設一支高素質基層黨組織帶頭人隊伍。實踐證明，支部強不強，關鍵看「頭羊」，有一個好的「領頭羊」，就能帶動一班人、搞活一個村。選好帶頭人，首先要把握標準。習近平提出的新時期好幹部「信念堅定、為民服務、勤政務實、敢於擔當、清正廉潔」[1] 的 5 條標準，為幹部隊伍建設指明了方向，為廣大幹部樹立了努力追求的標杆，為選人用人提供了尺規。這同樣也是對農村基層黨組織帶頭人的根本要求。在推進精準扶貧、精準脫貧的關鍵時期，要抓住機遇，選優配強，堅持德才兼備的原則，堅持正確的用人導向，排除宗族勢力、派性和各種關係的干擾，把那些政治強、本事大、口碑好的黨員推選為基層黨組織的帶頭人。所謂政治強，就是政治上的明白人。自

---

1 〈習近平在全國組織工作會議上強調　建設一支宏大高素質幹部隊伍　確保黨始終成為堅強領導核心〉，《人民日報》2013 年 6 月 30 日。

覺講政治紀律，守政治規矩，對上級黨委的決策部署能夠不折不扣貫徹執行、抓好落實，不搞陽奉陰違，不當上有政策下有對策的「兩面人」。所謂本事大，就是管村治村的能幹人。在引導、動員、組織村民方面，在帶領群眾發家致富方面，在化解矛盾糾紛方面，有管用的招法。所謂口碑好，就是群眾公認的正派人。村支書天天與村民打交道，低頭不見抬頭見，其品行如何，村民看得最清楚。只有為人正派，辦事公道，不搞優親厚友、假公濟私，真正把心思放在村裡各項事業的發展上，才會有好口碑，才能贏得群眾信任。

時代在變化，要根據新情況打開視野，創新辦法，採取多種渠道培養選拔農村黨組織帶頭人。在村裡的致富帶頭人、外出務工經商人員、復員退伍軍人、在外工作的退休幹部中，在鄉村醫生、鄉村教師和其他鄉賢中，都有不少優秀人才，可以成為村支部書記人選。特別是青年農民回鄉創業成功的人，將其培養為基層組織建設的帶頭人，更能為當地各項事業發展起帶動作用。近年來，不斷培養的「大學生村官」在農村黨組織中起了舉足輕重的作用，他們在農村數字化、網絡化、信息化方面有所作為，要在政策上為其提供能夠留得住、有選拔空間的條件。

2. 堅持農村基層黨組織領導核心地位的重點任務在於整頓軟弱渙散的農村基層黨組織

加強基層黨組織建設是貫徹落實黨要管黨、從嚴治黨的必然要求。軟弱渙散基層黨組織是基層黨建的軟肋，常常表現為班子內部不團結，形不成工作合力甚至相互拆臺；或者不敢堅持原則，碰到問題

躲著走、繞著走，在大是大非問題面前不敢亮明觀點；又或者幹部不遵守黨的紀律，管理不規範，制度不執行，甚至搞以權謀私等。說其軟弱，是因為它戰鬥力不強；說其渙散，是因為它凝聚力不足，導致村級黨組織矛盾問題突出，幹群關係緊張，戰鬥力下降，領導核心作用弱化。堅持農村基層黨組織領導核心地位，必須結合實際因「病」施治，從提高基層黨組織的戰鬥力和凝聚力著手，完成整頓軟弱渙散黨組織這項重點任務。對黨組織班子配備不齊、黨組織書記空缺或不能勝任的，要限期調整、配備到位；對村級管理混亂、矛盾集中的，要理清問題、化解矛盾；對宗族勢力干擾村務、黑惡勢力活動猖獗的，要依法嚴厲懲處；對僅靠鄉村力量難以解決的棘手問題，要派專門工作組進駐幫扶，形成常態化整頓機制；對部分村「兩委」班子不團結，黨委對村委會失去制約，黨和政府權威弱化的，要進一步理順村「兩委」的關係，明確職責，健全制度，從而避免個別地方甚至出現「兩臺戲」的現象；對換屆選舉中出現的拉票賄選或干擾選舉等行為，應不斷規範相關的制度和條例，使其具有可操作性，從而進一步維護鄉鎮政權權威，進而不斷鞏固農村基層黨組織的領導核心地位。整頓轉化農村軟弱渙散基層黨組織，關鍵要加強農村「兩委」班子建設，要把為農民群眾謀福祉作為「兩委」班子的履職之要，對內按制度辦事，對外實行黨務政務公開，通過強化整頓，實現「組織機構健全、班子團結有力、管理民主規範、經濟健康發展、群眾滿意度高」的目標要求。要抓好基層黨組織班子和黨員隊伍建設，繼續做好幫扶工作。縣鎮領導幹部和「第一書記」、駐村幹部以及掛扶單位要切實發揮作用，既要扶貧也要扶智，推動軟弱渙散農村基層黨組織儘快實現轉化提升，著力夯實基層基礎，打通聯繫服務農民群眾的「最後一公里」。

僅 2016 年一年，全國 12.8 萬個貧困村派駐了第一書記和駐村工作隊，對 3000 萬建檔立卡貧困戶明確了幫扶責任人。

3. 堅持農村基層黨組織領導核心地位的重要保證是壯大農村黨員隊伍，充分發揮黨員的先鋒模範作用

黨員是黨組織的細胞和基礎，黨員的品質關乎黨組織的戰鬥力和凝聚力。農村黨員人數眾多、隊伍龐大，如果抓不好、管不嚴，就會直接影響黨在農民群眾心目中的形象，直接影響農村基層黨組織領導核心作用的發揮。堅持農村基層黨組織領導核心地位必須增強農村黨員隊伍活力，充分發揮農村黨員的先鋒模範作用，鞏固黨在農村的群眾基礎。

一要分類指導，強化教育。針對目前農村黨員從業形式、生活水準、思想狀況上的差異，把黨員分為管理型、務農型、務工型、業主型、失地型、流動型等不同類別，提出不同要求，實行分類管理：發揮業主型和種養殖大戶黨員「領富致富」作用；發揮村裡退下來的老幹部黨員「矛盾協調」作用；發揮熟悉黨的方針、政策及口頭表達能力強的黨員「政策宣傳」作用；發揮熱心腸、肯關心他人幫助他人、有一定經濟基礎的黨員「扶貧濟困」作用。要從嚴格農村基層黨組織生活抓起，落實好「三會一課」、組織生活會、民主評議黨員制度，把這些最基本的規矩執行好，使每名黨員都處於黨組織的嚴格管理、嚴格監督之下。注重改進黨員教育方式，針對農村特點，活化組織活動方式，推行主題黨日、微型黨課、黨員活動日等做法，增強吸引力和實效性；積極運用現代信息技術，把「互聯網＋」引入農村黨員教育管

理，利用現代遠端教育手段，開辦網絡黨課、網上課堂，用好微博、微信、手機用戶端等新載體，提高對農村黨員教育管理的水準。

　　二要暢通進出渠道，改善黨員結構層次。發展黨員是給黨組織不斷注入新的血液，使黨不斷增強活力，也是加強黨的建設的一項經常性工作。應立足於優化結構、增強活力、提高品質，制訂和落實好農村發展黨員計畫，加強入黨積極分子培養，對發展35歲以下黨員實行計畫傾斜，對兩年以上不發展黨員的村實行重點管理。注重將政治素質好、致富能力強、群眾威望高的新型農民吸收到黨的隊伍中來，從而逐步改善農村黨員隊伍的年齡、文化結構，提高黨員隊伍的整體素質，有針對性地解決農村黨員青黃不接的問題。同時，穩妥慎重地處置好不合格黨員工作，暢通出口，保持農村黨員隊伍的先進性和純潔性。

　　三要強化制度建設，建立長效機制。通過建立健全教育培訓、參觀學習等制度，建立多層次黨員實用技術培訓體系，加大培訓力度，進一步增強黨員的模範帶頭作用和帶頭致富、帶領群眾共同致富的責任感和緊迫感。充分發揮鎮黨校培訓主陣地作用，增強黨員理想信念、宗旨觀念的先進性意識。實行「把優秀黨員培養成致富能手，把優秀致富能手培養成黨員幹部」的「雙培養」機制，形成實用、規範、科學的傳幫帶機制，使更多的優秀黨員成為帶領一方群眾發展經濟和致富奔小康的楷模，走「一戶帶一戶、一戶帶一片」的共同致富新路子，同時使更多符合條件而出色的致富能手及時得到黨的培養，為村級領導崗位更新換代創造條件、打好基礎。

4. 堅持農村基層黨組織領導核心地位的根本價值追求在於 扎實推進基層服務型黨組織建設，多為農民群眾辦實事、 辦好事

黨的十八大報告提出，要以服務群眾、做群眾工作為主要任務，加強基層服務型黨組織建設。根深則葉茂，本固則枝榮。抓好基層服務型黨組織建設，是我們黨對執政規律的深刻認識和把握，是新時期完成黨的執政使命的需要。農村基層黨組織肩負著為廣大農民群眾服務的直接責任，必須始終牢記黨的權力是人民賦予的，始終牢記權為民所用、情為民所系、利為民所謀，不斷提高農村基層黨組織的凝聚力和戰鬥力。農村工作千頭萬緒，群眾需求千差萬別，要堅持統籌兼顧、突出重點，從群眾最現實、最關心、最迫切的願望出發，切實轉變工作作風，變領導為引導、變強令為示範、變要求為服務，不斷創新工作方法和服務載體，多辦順民意、解民憂、惠民生的實事好事，為農民群眾提供更全面、更均衡、更優質的服務。

一要強化服務意識，提升服務能力。當下，一些農村基層黨組織軟弱渙散、戰鬥力不強，主要原因在於部分黨員幹部缺乏共產黨人的堅定信念，缺乏為人民服務的強烈意識，丟棄了群眾路線這條黨的生命線，使一些地方農村基層的幹群關係變成「油水關係」甚至「水火關係」。農村基層黨組織要從講黨性的高度出發，強化服務群眾的意識，牢固樹立群眾第一的理念，在具體工作中把農民群眾的呼聲和關切作為第一信號，把群眾的需求作為做好工作的原動力，始終堅持「讓人民群眾滿意」這一根本標準，體察民情、瞭解民意，真正站在農民群眾的立場上想其所想、急其所急，為農民群眾誠心誠意辦實事、

盡心盡力解難事、堅持不懈做好事，努力為農村的富裕和農業發展給政策、給資金、給技術、給服務，為農民的增收出主意、想辦法、找出路，不斷提高為群眾服務的水準和工作成效，形成黨員幹部和農民群眾之間「魚水情深」「血肉相連」「水乳交融」的密切聯繫。只有這樣，基層黨組織才能獲得群眾的支持，獲得強大的生命力和持久的戰鬥力。

　　二要創新工作方法，確保服務成效。服務效果是建設服務型黨組織的關鍵和歸宿。農村基層黨組織要堅持群眾路線，密切幹群關係，始終圍繞農民群眾多樣化需求，立足實際、盡力而為。要增強民主意識和法律意識，建立順暢有效的村級管理機制、決策機制和議事執行機制，善於廣泛徵求群眾建議，集思廣益，調和社會各利益群體，運用多種形式和手段開展服務，善於運用民主和法律的手段來處理矛盾和問題。做到切實把群眾的事放在心上、抓在手上，更要落實在行動上，以確保服務成效，鞏固基層執政基礎，為農村基層建設和發展謀求強有力的群眾基礎。

三、加強基層組織建設與扶貧開發協調推進的有效途徑

　　習近平強調，要把扶貧開發同基層組織建設有機結合起來，真正把基層黨組織建設成帶領群眾脫貧致富的堅強戰鬥堡壘。他指出，要加強貧困村兩委建設，深入推進抓黨建促脫貧攻堅工作，選好配強村兩委班子，培養農村致富帶頭人，促進鄉村本土人才回流，打造一支「不走的扶貧工作隊」。要充實一線扶貧工作隊伍，發揮貧困村第一書記和駐村工作隊作用，在實戰中培養鍛煉幹部，打造一支能征善戰

的幹部隊伍。[1] 啃下扶貧攻堅的「硬骨頭」，需要把農村基層組織建設與扶貧開發工作擰成一股繩，充分發揮基層黨組織的一線指揮部作用和黨員幹部的先鋒模範作用，牢牢把握農村基層組織建設服務精準扶貧的新方向，實現扶貧開發與基層組織建設雙輪驅動，兩者無縫對接，相互協調。加強農村基層組織建設有利於提高扶貧開發效果，促進扶貧資金效益最大化以及扶貧專案、扶貧資金的合理配置，有利於鞏固農村基層組織建設成果，提高農村基層組織戰鬥力和凝聚力，使其真正成為精準扶貧的攻堅堡壘，在加強基層組織建設中實現農村基層組織建設與扶貧開發「雙推進」，如期實現貧困農村在基層組織領導下早日脫貧致富。

（一）築牢基層戰鬥堡壘，建強扶貧攻堅核心

要結合扶貧開發工作，著力把基層黨組織建成推動發展、維護穩定的堅強戰鬥堡壘。推動精準扶貧，實現精準脫貧，築牢基層戰鬥堡壘是基礎。

1. 科學設置基層組織，增強保障力

基層組織在扶貧攻堅中起著決策規劃、組織實施、示範帶動、督促落實的重要作用，健全農村基層組織體系，按照「創新組織設置、

---

1 〈習近平在中共中央政治局第三十九次集體學習時強調　更好推進精準扶貧精準脫貧　確保如期實現脫貧攻堅目標〉，《人民日報》2017 年 2 月 23 日。

健全組織網絡、理順隸屬關係、發揮組織作用」的要求，積極適應新形勢下的經濟發展、黨員流向的變化，依託文化旅遊、種植養殖、生產加工等，加強新經濟組織、專業合作社、產業鏈條的黨組織建設。比如，甘肅省貧困面大、貧困程度深，86個縣市區中有58個貧困縣、6220個貧困村、417萬貧困人口。為做到小康路上「一個不掉隊」「一個不能少」，該省把黨組織建在產業鏈上，探索「協會、支部建在產業鏈，黨員、致富能人聚在產業鏈，產、銷農民富在產業鏈」的「三鏈」建設，推進「支部＋企業＋貧困戶」「支部＋產業大戶＋貧困戶」「支部＋黨員能人＋貧困戶」等模式，鼓勵村級黨組織領辦創辦專業合作社和各類產業協會，不斷完善以村黨組織為核心，產業基地、龍頭企業、合作組織等為支撐，「一核多元」的精準扶貧組織體系，實現黨的組織和黨的工作全覆蓋。[1] 加強軟弱渙散基層黨組織整頓和提檔升級，全面提升農村基層黨組織的政治和服務功能，強化社會管理職能，增強基層黨組織服務精準扶貧的能力，使其真正成為扶貧攻堅的戰鬥堡壘。

2. 強化民主管理，增強向心力

發揮人民群眾的主體作用，進一步健全村級民主管理、民主協商制度，深入推進「一會兩票」工作機制，有效甄別扶貧對象，可行論證扶貧專案，精準設置扶貧方法。完善以村務監督為重點的鄉村治理

---

[1] 孟小龍：〈築牢組織體系建強三支隊伍──甘肅抓實農村基層黨建為精準扶貧脫貧添動力〉，《中國組織人事報》2016年4月6日。

機制，堅持並落實以「四議兩公開」的「4+2」工作法、「一事一議」等工作制度決策農村建設和發展過程中的重大事項，設立公示欄和政策「明白牆」，定期公開黨務、村務、財務，接受群眾監督，健全完善聽取民意、集中民智、凝聚共識的民主決策機制、民主監督機制。在民主決策、民主管理中，凝聚廣大農民群眾智慧和力量，不斷增強農村基層黨組織的公信力和向心力，充分發揮基層黨組織在扶貧開發中組織群眾、動員群眾的作用，使基層黨組織真正成為貧困農村穩定、發展的領導核心和推動精準扶貧的一線指揮部。

3. 加強主力建設，增強服務力

提高農村黨員隊伍的「黨員幹部帶頭致富，帶領群眾共同致富」的「雙帶」能力，發揮黨員在扶貧開發中的先鋒模範作用。要嚴把黨員入口，制訂落實好農村發展黨員計畫，注重從返鄉畢業生、退伍軍人、農民工、行銷能手、致富能手、經濟能人群體中發展黨員。在基層幹部的選拔上，要多層面、多渠道地拓寬選人用人的視野，重點從黨性觀念強、思想進步、有一定組織領導能力、熱心村內事務的人中物色人選，加緊將更多的基層黨員培養成農村致富帶頭人，把更多的農村致富帶頭人培養成黨員，把優秀基層黨員培養成農村基層幹部，加強以黨員隊伍為骨幹的精準扶貧主力軍建設，把政治素質強、致富能力強「雙強型」黨員納入村級後備幹部隊伍，造就一批帶領群眾脫貧致富的領軍人物。要嚴格黨員教育管理，積極穩妥處置不合格黨員，讓黨的紀律嚴起來；要加強對黨員農村政策、科技知識、法律法規、實用技術的培訓，增強黨員帶頭致富和帶領群眾致富的本領；要關愛

黨員，在黨員帶領群眾致富貸款等方面向有發展願望與帶頭能力的黨員傾斜，為黨員「雙帶」提供條件；要搭建平臺，劃分黨員民情責任區，發揮農村黨員在帶頭致富、調解鄰里糾紛、協助暢通民意等方面的作用，進一步增強基層黨組織的生機與活力。

（二）做精準扶貧先鋒，當好扶貧攻堅引路人

發展是硬道理，找準自身定位，加快發展，是貧困農村脫貧致富的首要任務。農村基層組織要做精準扶貧的先鋒，在思想上先行一步，發展上先幹一步，把基層組織工作的重心放在找貧根、尋困源上，激發困難群眾的致富願望，幫助群眾尋求加快發展的新路，做群眾脫貧致富的引路人。

1. 思想上要引領

農村基層組織要積極向貧困農戶宣傳黨和政府有關扶貧的政策措施，教育和引導農民群眾克服等、靠、要的依賴心理，樹立主體地位觀念，在思想上充分激發困難群眾的致富願望，鼓勵群眾依靠惠民政策和富民產業自力更生、科學致富。

2. 幫扶上做表率

深入實施帶頭富和帶領富的「雙帶」工程，激勵黨員幹部在發展種養專案、農特產品開發上下功夫，依靠科技大力發展農業產業、

興辦工業企業，成為致富的「領頭羊」，以產業發展和創業致富的生動實踐，增強困難群眾擺脫貧困的決心和信心。積極採取拓展產業基地、興辦合作社、組建產業協會等形式，帶動貧困農戶發展產業、入股合作社、參加產業協會。通過專案帶動、生產說明、資金扶持等方式，帶領貧困農戶搭上致富快車。充分發揮黨員幹部模範帶頭作用，激勵他們主動與貧困農戶結成幫扶對子，上門化解生活生產難題，傳授科學技術，提供致富信息，實施精準服務，推動精準脫貧，實現共同致富。

3. 發展上做示範

基層組織要結合村情實際，找準致富產業，招引龍頭企業，發展支柱產業，形成「一村一品」「多村一品」的產業發展格局，做產業發展的先行者。要立足自然資源，盤活發展資源，在優化利用、擴大效益上下功夫，積極發展壯大村級集體經濟，用集體經濟示範效益輻射和帶動貧困農戶創業創富。要完善基礎設施建設，加大交通、電力、通信、農田水利等基礎設施建設力度，改善群眾生活生產條件，為群眾發展致富創造良好的週邊環境。

（三）徹底拔掉窮根，啟動扶貧攻堅源頭

打贏扶貧攻堅戰非一日一時之功，精準扶貧、精準脫貧是各級黨組織的政治責任。農村基層組織要真抓實幹，拔掉窮根，廣開源頭，幫助貧困農民找到致富路子、找準致富方法、掌握致富技術，增強自

我發展的造血能力，使貧困農戶徹底擺脫貧困，實現全面小康。2013年以來，雲南在全省16個州市、113個縣（市、區）實施扶貧開發與基層黨建整鄉「雙推進」工作，改變以往「下毛毛雨」和「撒胡椒麵」方式，整合專案資金3億多元，集中用於發展股份合作經濟，共實施村級股份合作專案1600多個，有集體經濟的行政村達450多個、村民小組達760多個。在116個鄉鎮形成了高效的基層黨組織扶貧體系架構，貧困地區農民人均可支配收入提高至6314元。楚雄州是典型的集「邊遠、民族、貧困、山區」於一體的少數民族自治州，借助「雙推進」，各村級黨支部瞄準比較優勢，因地制宜發展煙草、冬桃、核桃、花椒、黑山羊養殖等特色產業；紅河哈尼族彝族自治州元陽縣攀枝花鄉，在「雙推進」過程中8個貧困村的旅遊優勢資源開始變現，鄉村特色游成為促進當地農民增收的支柱之一。一批符合當地實際的優勢特色產業在雲嶺大地風生水起，以強基層推動富百姓，展示了新時期扶貧開發的鮮活樣本。[1]

1. 發揮組織優勢「精準滴灌」

緊緊圍繞習近平「六個精準」的要求和「精準扶貧，不落一人」的目標，做到精準識別、精準安排、精準落實、精準幫扶。要充分發揮農村基層組織的優勢，推行各級黨政領導班子成員直接聯繫貧困村、貧困戶機制，團結、發動、依靠群眾，充分調動群眾的積極性；整合社

1　羅旭、唐園結、宁啟文：〈讓黨徽閃耀在扶貧一線——雲南扶貧開發與基層黨建「雙推進」工作綜述〉，《光明日報》2015年8月2日。

會力量，引導社會資金、專案、企業進村，開發農村資源，帶動群眾致富；整合惠農政策，形成強大的政策牽引力，做到群眾主力、社會合力、政府推力三箭齊發，直擊貧困病灶，因戶施策，精準發力。

2. 多種幫扶模式「開源造血」

農村基層組織要因地制宜，拓寬發展思路，採取多種扶貧開發形式，大力實施特色產業扶持、生態扶貧搬遷、連片開發配套、勞動技能培訓、社會保障兜底等精準扶貧工程，增強自身造血功能，提高自我脫困能力。堅持支部引路、黨員帶路、產業鋪路，大力推行「龍頭企業＋基地＋農戶」「合作社＋農戶」「產業協會＋農戶」等多種模式，帶領貧困農戶抱團發展，整體脫貧。引導農戶發展農村電商、微商等新的經濟形式，讓特色農產品對接大市場，拉動農特產品增值。

3. 機制保障問責問效

堅持以嚴格考核為保障，充分使用考核這個指揮棒，將精準扶貧工作納入年度考核，確保精準扶貧各項任務全面落實。啟動扶貧攻堅源頭要深入推行責任傳導、考核評估、獎懲問責、約束監督、政策審核、社會聯動等工作機制。基層黨組織要立下扶貧攻堅軍令狀，貧困農戶不脫貧，包聯的單位和黨員幹部要問責，確保限期脫貧。

（四）壯大村集體經濟，夯實扶貧攻堅的根基

扶貧攻堅，難點焦點在農村，而集體經濟是農村經濟的重要組成部分，是村級財力的主要來源和村級基層組織發揮職能的物質基礎，也是實現農民增收致富的現實需要，集體經濟越是薄弱的村莊，貧困人口相對也越多，這已是不爭的事實。以浙江台州為例，數據顯示，台州市村級集體經濟總收入為 42.78 億元，占 GDP 的 1.2%。該市4737 個行政村中，集體經濟年收入 1000 萬元以上的有 62 個，500 萬元以上的有 126 個，100 萬元以上的有 684 個。5 萬元以下或零收入的有 1152 個，占總數的 24%，貧困農戶大多集中在這 24% 的村裡。[1] 發展和壯大農村集體經濟是加強農村基層建設、提高和鞏固農村黨組織核心領導地位的物質基礎。20 多年前，習近平在寧德工作時所寫的文章《扶貧要注意增強鄉村兩級集體經濟實力》中提及：「有的同志說，只要農民脫貧了，集體窮一些沒有關係。我們說，不對！不是沒有關係，而是關係重大。」[2] 敏銳觀察到發展壯大村級集體經濟對脫貧致富的重要作用，指出發展集體經濟是實現共同富裕的重要保證，是振興貧困地區農業發展的必由之路，是促進農村商品經濟發展的推動力。當前，正處於全面建成小康社會關鍵之時，貧困農村基層組織迫切需要大力培育富民產業造血，因地制宜地壯大村集體經濟，實現村級組織強、集體經濟富的雙贏目標。

---

1 徐軍：〈壯大村級集體經濟打好精準扶貧攻堅戰〉，《中國改革報》2016 年 3 月 16 日。。
2 習近平：《擺脫貧困》，福州：福建人民出版社 2014 年版，第 193 頁。

1. 充分利用資源，盤活擴大村級集體資產

盤活擴大村級集體資產是農村實現脫貧攻堅的重要舉措，是實現村級集體經濟長效增收和貧困農戶持續增收的關鍵途徑。當前農村土地確權工作正在全面推進，一些村土地確權後，實測增加的耕地，應在依法依規的前提下，通過村民民主決議，明確村集體權屬，並與村級債務剝離，作為村集體收入的資產。要利用村級集體閒置資產招標承包、出租經營，發展村級創業點。積極開展村莊土地複墾、河塘整治，開發村莊荒山、荒灘、荒坡、荒水，擴大集體土地、水面等資源性資產。

2. 拓寬增收渠道，提升集體資產保值增值能力

注重運用市場思維、經營理念，將村集體資產通過合作經營、股份經營、租賃經營等方式，逐年增加集體收入。在不改變資金使用性質的前提下，把投入農村的財政資金、扶貧資金量化為村集體或貧困群眾持有的股金，開展多種形式的股份合作，發揮集體統一經營的優越性，通過股權收益幫助貧困群眾實現增收，不斷增強「造血」機能。比如，地處貴州省西部烏蒙腹地的六盤水市 2013 年集體經濟「空殼村」占比高達 53.8%，集體收入的匱乏，使得基層黨組織難以提供有效的公共服務和公共產品，脫貧攻堅受到嚴重制約。2014 年以來，共整合財政資金 4.51 億元，撬動村級集體資金 1.21 億元、農民分散資金 2.94 億元、社會資金 39.4 億元，集中投入經營主體，帶動貧困群眾脫貧致富。對缺乏資源優勢、沒有產業支撐的貧困村、貧困戶，積

極探索以村集體為單位，異地購置興建商鋪、停車場、農貿市場等36處，通過物業租賃或集體經營的方式，説明64個村、3700戶貧困群眾找到穩定的收入來源。2014年，全市共消除「空殼村」157個，村集體經濟積累達10958萬元，比2013年增加2477萬元，增長22.6%；「空殼村」占比從2013年的53.8%下降到38.4%。

3. 因地制宜，扶持村級集體經濟發展

要把產業佈局和村級集體經濟發展結合起來，細化扶持政策，完善配套措施，建立村級集體項目建設的審批綠色通道，出臺經濟強村扶持薄弱村發展的激勵機制和優惠政策。在產業相近、地域相鄰、資源互補的村集中組建聯村黨委，推動資源整合、要素重組、抱團發展，啟動集體經濟發展活力。按照生態產業化、產業生態化的思路，根據各村經濟基礎等實際，發揮優勢、挖掘潛力，因地制宜地發展綠色產業，把資源優勢切實轉化為產業優勢，不斷增強村級集體經濟實力。在農村專業合作社基礎上推行個體經濟和集體經濟捆綁式經營模式，以農村青年、返鄉農民工的創業個體為技術力量，充分發揮他們的技術特長，在資金和管理方面以村級管理為主體，在把握整個集體經濟的前提下，幫扶項目申報、提供政策扶持、協調市場行銷，既提供組織保障，又降低經營風險。貴州六盤水市盤縣普古鄉舍烹村曾是一個封閉、落後的窮村，2012年以來，在農民企業家陶正學的帶領下，成立了普古銀湖種植養殖農民專業合作社，通過土地入股、流轉倒包、合作入股、資金整合等形式，大力發展獼猴桃、藍莓、刺梨等產業和現代高效農業，帶動周邊8個村2327戶7725人入股，把每畝

產值從過去的 300 元提高到 5 萬元左右，解決了 650 個貧困人口的就業，2014 年農民人均收入從上年的 7760 元提高到 11260 元，演繹了窮村到富村的嬗變。[1]

1 萬秀斌、汪志球、郝迎燦：〈貴州六盤水著力提高農村經濟規模化、組織化、市場化程度　活了農業　樂了農民〉，《人民日報》2015 年 12 月 21 日。

第六章

強化社會合力：擺脫貧困奔小康的基本保障

　　擺脫貧困奔向小康，是中國特色社會主義事業的重要內容與階段性目標，關係人民福祉、關乎民族未來，是事關中華民族偉大復興中國夢的大事。習近平同志指出，黨的十八大以來，黨中央把貧困人口脫貧作為全面建成小康社會的底線任務和標誌性指標，在全國範圍全面打響了脫貧攻堅戰。[1] 當前立足於新的時代條件，脫貧攻堅工作正緊鑼密鼓地展開著，並進入了攻城拔寨的關鍵時期。黨的十九大報告指出，堅持精準扶貧、精準脫貧，同時強調動員全黨全國全社會力量，堅持大扶貧格局。要想在 2020 年實現全體人民共赴小康的宏偉目標，需要我們以精準扶貧為基本方略，堅持統籌兼顧方針，積極調動社會

1 〈習近平在深度貧困地區脫貧攻堅座談會上強調　強化支撐體系加大政策傾斜　聚焦精準發力攻克堅中之堅〉，《人民日報》2017 年 6 月 25 日。

各界投身其中，凝聚扶貧攻堅的強大合力；同時，在具體操作層面，要善於發揮制度優勢，利用體制機制創新、先進網絡技術平臺，構建包括行業扶貧、專項扶貧、社會扶貧有機結合、互為支撐的三位一體的大扶貧格局。

一、彙聚社會各方力量參與脫貧攻堅的必要性

脫貧攻堅是全面建成小康社會的剛性任務和關鍵工程，更是一項功在當代、澤被後世的崇高事業。習近平在中央扶貧開發工作會議上指出，脫貧致富不僅僅是貧困地區的事，也是全社會的事。要更加廣泛、更加有效地動員和凝聚各方面力量。當前，脫貧攻堅已進入攻堅拔寨的衝刺階段，要讓「最後一群人」脫貧出列，實現全面小康，就要進一步凝聚各方合力，整合各方資源，推動形成飲水思源、富而幫困的強大力量，營造支持扶貧、參與扶貧的濃厚氛圍，構建多點發力、多方參與的多位一體大扶貧格局，舉全社會之力打贏扶貧攻堅戰。正如習近平 2017 年 6 月 23 日在太原主持召開深度貧困地區脫貧攻堅座談會時指出的，脫貧攻堅工作進入目前階段，要重點研究解決深度貧困問題。深度貧困地區脫貧攻堅是「硬仗中的硬仗」，也是「必須完成的任務」，要通過各種舉措，形成支援深度貧困地區脫貧攻堅的強大投入合力。[1]

---

1 〈習近平在深度貧困地區脫貧攻堅座談會上強調　強化支撐體系加大政策傾斜　聚焦精準發力攻克堅中之堅〉，《人民日報》2017 年 6 月 25 日。

（一）符合新時期深化扶貧開發工作的要求

眾所周知，自中國共產黨成立以來，始終關心廣大人民群眾的疾苦，在長期的實踐過程中，黨依據馬克思主義的群眾史觀，創造性地提出了群眾路線並將之作為我黨戰勝敵人、克服困難的三大「法寶」之一。新中國成立後，黨中央始終把人民利益放在第一位，時刻關注廣大人民群眾尤其是貧困農民的疾苦，致力於解決他們的溫飽問題。但是由於受種種因素制約，長期以來農村地區發展仍然相對滯後，貧困人口數量甚多，1978 年我國貧困人口高達 2.5 億人，占農村總人口的三成左右。黨和政府高度重視民生問題，為使廣大群眾早日擺脫貧困實現共同富裕，黨中央先後於 1994 年和 2001 年制定並實施了《國家八七扶貧攻堅計畫（1994—2000 年）》和《中國農村扶貧開發綱要（2001—2010 年）》。經過近 40 年的努力，逐步探索出一條具有中國特色的扶貧開發道路，扶貧事業取得了令世人矚目的成就。主要表現在農村貧困人口數量大幅減少，居民收入水準持續增長，貧困地區基礎設施得到不斷改善，各項社會事業不斷進步，尤其是隨著最低生活保障等制度的建立與實施，眾多居民的生存和溫飽問題得到基本解決。扶貧開發事業的突飛猛進，為促進我國經濟發展、政治穩定、民族團結、邊疆鞏固、社會和諧發揮了重要作用，為推動全球減貧事業發展做出了重大貢獻。

但是，黨和國家也清醒地認識到扶貧開發任務的艱巨性與長期性。2012 年習近平在河北視察指導扶貧工作時強調指出：「全面建成小康社會，最艱巨最繁重的任務在農村特別是在貧困地區。沒有農村的小

康特別是沒有貧困地區的小康，就沒有全面建成小康社會。」[1] 造成這種狀況的原因是多方面的。首先，由於我國作為全世界人口最多的發展中國家，目前仍然處於並將長期處於社會主義初級階段，東西部地區發展不平衡問題比較突出，地區發展的深層次矛盾依然存在。其次，我國人口基數太大、扶貧對象規模巨大，相對貧困問題日益凸顯，貧困地區特別是集中連片特殊困難地區發展又相對滯後，因此返貧現象時有發生。從這個意義上說，我國扶貧開發形勢已經發生了重大變化，開始面對中等收入國家扶貧的系列挑戰，我們的扶貧開發任務艱巨而緊迫。

為了適應新的扶貧開發形勢，中共中央、國務院於 2011 年年底制定並頒佈了《中國農村扶貧開發綱要（2011—2020 年）》，綱要明確提出，我國扶貧開發已經從以解決溫飽問題為主要任務的階段轉入鞏固溫飽成果、加快脫貧致富、改善生態環境、提高發展能力、縮小發展差距的新階段，並指出，未來十年農村扶貧開發工作目標是到 2020 年穩定實現扶貧對象不愁吃、不愁穿，保障其義務教育、基本醫療和住房。[2] 表明我國扶貧工作從過去相對狹義的開發性扶貧進入到相對廣泛的大扶貧領域。2015 年 11 月 27—28 日，中央扶貧開發工作會議召開，習近平強調指出，消除貧困、改善民生、逐步實現共同富裕，是社會主義的本質要求，是我們黨的重要使命。全面建成小康社會，是我們對全國人民的莊嚴承諾。脫貧攻堅戰的衝鋒號已經吹響。我們要

---

1 習近平：〈黨的群眾路線教育實踐活動學習文件選編〉，北京：黨建讀物出版社 2013 年版，第 54 頁。
2 《中國農村扶貧開發綱要（2011—2020）》，北京：人民出版社 2011 年版。

立下愚公移山志，咬定目標、苦幹實幹，堅決打贏脫貧攻堅戰，確保到 2020 年所有貧困地區和貧困人口一道邁入全面小康社會。[1] 貧困人口要全部脫貧，貧困縣要全部摘帽，時間十分緊迫，任務異常嚴峻，要求我們「必須以更大的決心、更明確的思路、更精準的舉措、超常規的力度，眾志成城實現脫貧攻堅目標，決不能落下一個貧困地區、一個貧困群眾」[2]。為確保脫貧攻堅目標的順利實現，各級黨委、政府要立足本地區實際，集思廣益，著力解決「誰來幫扶」的問題，健全扶貧隊伍，努力構建集聚各方智慧和力量齊抓共管幫扶的大格局。

（二）有利於開創扶貧開發的新局面

貧困是人類面臨的嚴峻挑戰之一，消除貧困是全社會的共同責任。如果僅憑政府力量是很難如期完成中央提出的在 2020 年實現全體人民共同奔小康的宏偉目標。扶貧攻堅任務的完成需要全社會共同參與，積極為貧困地區擺脫貧困奔小康出謀劃策、群策群力，共同營造扶貧濟困的社會氛圍。

2015 年 6 月，習近平在貴州召開部分省區市黨委主要負責同志座談會上指出：「扶貧開發是全黨全社會的共同責任，要動員和凝聚全社會力量廣泛參與。要堅持專項扶貧、行業扶貧、社會扶貧等多方力量、多種舉措有機結合和互為支撐的『三位一體』大扶貧格局，健全

---

1 習近平：〈脫貧攻堅戰衝鋒號已經吹響　全黨全國咬定目標苦幹實幹〉，《人民日報》2015 年 11 月 29 日。
2 習近平：〈脫貧攻堅戰衝鋒號已經吹響　全黨全國咬定目標苦幹實幹〉，《人民日報》2015 年 11 月 29 日。

東西部協作、黨政機關定點扶貧機制，廣泛調動社會各界參與扶貧開發積極性。要加大中央和省級財政扶貧投入，堅持政府投入在扶貧開發中的主體和主導作用，增加金融資金對扶貧開發的投放，吸引社會資金參與扶貧開發。要積極開闢扶貧開發新的資金渠道，多渠道增加扶貧開發資金。」[1]

　　具體說來，相對於政府扶貧，社會扶貧具有目標具體、方法靈活、資源廣泛、形式多樣等特點，具有許多政府扶貧所不可替代的優勢，它是扶貧開發工作系統中必不可少的一支重要力量。首先，社會扶貧目標更為具體。不同於政府專職部門的扶貧，政府扶貧更多地強調實現同貧困個體密切相關的扶貧目標，社會扶貧則更多地體現在針對區域經濟和社會發展的各個具體層面。其次，社會扶貧方法形式鮮活生動，善於創新。相比政府扶貧，社會扶貧具有更強烈的創新衝動，具備更強勁的創新能力，更善於在扶貧的方式上引進新觀念、新方法、新模式。例如，近年來興起的社會扶貧的新項目像小額信貸、邊區支教、希望工程、光彩事業、文化扶貧、扶貧拉力計畫、貧困女生資助專案、春蕾計畫、博愛工程、幸福工程、農業科技示範入戶工程等適應了不同群體、不同地區的貧困人口的脫困需求，產生了良好的社會效果，是社會扶貧方式的創新成果與表現。再次，社會扶貧資源的來源更加廣泛，可以通過各種渠道、各個行業、各個地區獲得扶貧濟困的資源；既能爭取到實實在在的資金和物資投入，也能獲得科技、信息、教育等服務的支援。

---

1 習近平：〈謀劃好「十三五」時期扶貧開發工作　確保農村貧困人口到 2020 年如期脫貧〉，《人民日報》2015 年 6 月 20 日。

　　發動社會力量共同參與扶貧濟困有深遠的意義，它不僅解決了貧困地區基礎設施滯後問題，有力改善了貧困群眾的生產生活條件，增強了發展後勁，而且弘揚了「扶貧濟困、樂善好施」的優良傳統，培育和踐行社會主義核心價值觀，傳遞了廣行善舉、共創和諧的正能量，使「消除貧困，實現共同富裕」的理念深入人心，得到全社會的廣泛認同。2014 年，我國將每年的 10 月 17 日設立為國家「扶貧日」。在第一個扶貧日到來之際，國務院專門召開社會扶貧工作會議，第一次表彰社會扶貧先進集體和先進個人，並出臺了第一個社會扶貧方面的專門文件。由此可見，黨和政府對扶貧開發特別是社會扶貧工作寄予厚望，希望通過創新社會扶貧工作形式，激勵更多的企業與個人加入扶貧濟困的隊伍中；同時也希望這種創新能對弘揚中華民族扶貧濟困的傳統美德，培育和踐行社會主義核心價值觀，動員社會各方面力量共同向貧困宣戰，繼續打好扶貧攻堅戰，發揮潛移默化的作用。從這個意義上說，社會扶貧還具有明顯的中華民族文化特徵和社會主義特徵，開創了新時期扶貧濟困工作新局面。

二、構建「三位一體」的大扶貧格局

　　當前，扶貧開發工作依然面臨十分艱巨而繁重的任務。要打贏脫貧攻堅戰，必須切實發揮制度優勢，構建「三位一體」的大扶貧格局，堅持專項扶貧、行業扶貧、社會扶貧等多方力量、多種舉措有機結合、互為支撐。

（一）專項扶貧

專項扶貧是指國家安排專門投入、各級扶貧部門組織實施，通過既定專案，直接幫助貧困鄉村和貧困人口，包括易地扶貧搬遷、整村推進、就業促進、產業扶貧、以工代賑、扶貧試點等。

1. 易地扶貧搬遷

對居住在生存條件惡劣、自然資源貧乏地區的貧困人口實行易地扶貧搬遷，這是扶貧開發的首要工作，只有完成易地扶貧搬遷，基礎設施建設、整合資源、發展產業等扶貧工作才能得以開展。實施易地扶貧搬遷是改善貧困人口生產生存環境和發展條件的重要途徑，應堅持群眾自願的原則，充分考慮資源條件，因地制宜，有序搬遷，有條件的地方還應引導貧困人口向中小城鎮、工業園區移民，以創造就業機會，提高就業能力。以福建省為例，「十二五」時期，福建省穩步推進造福工程，陸續出臺《加快實施「造福工程」的若干意見》《福建省人民政府關於加快推進「十二五」時期「造福工程」的指導意見》等重要文件，將易地扶貧搬遷工作與新型城鎮化建設相結合，對居住在「一方水土養不起一方人」地方的建檔立卡貧困人口實施易地搬遷；同時，加大政府投入力度，創新投融資模式和組織方式，完善相關後續扶持政策，強化搬遷成效監督考核，力求幫助更多貧困人口從根本上解決生計問題。造福工程已成為福建省扶貧開發工作的標誌性工程。「十三五」時期，福建省繼續加大易地扶貧搬遷工作力度，力爭在2018年實現30戶以下偏僻自然村近50萬人的扶貧搬遷。

2. 整村推進

整村推進是專項扶貧工作的重要環節。實行整村推進應結合社會主義新農村建設，自下而上制定規劃並分期分批實施，發展特色支柱產業，改善生產生活條件，增加集體經濟收入，提高自我發展能力。以縣為平臺，統籌各類涉農資金和社會幫扶資源，集中投入；實施水、電、路、氣、房和環境改善「六到農家」工程，建設公益設施較為完善的農村社區；加強整村推進後續管理，健全新型社區管理和服務體制，鞏固提高扶貧開發成果。為促進貧困地區經濟社會全面發展，2004 年福建省採取「部門掛鉤，資金捆綁，幹部駐村」的辦法，通過捆綁 16 個省直部門和中央駐閩單位資金，實施扶貧開發。至 2012 年，福建省在第三輪整村推進扶貧開發工作中，125 個省直單位下派幹部掛鉤 220 個省級扶貧開發重點村，籌措資金 4.9 億元，輸送 2571 個發展項目，取得明顯成效：220 個省派駐點村新增土地整理面積 2.39 萬畝，新增經濟作物面積 1.54 萬畝，新增林竹面積 6.83 萬畝，建立農村創業致富基地 205 個，廣大貧困村的發展活力得到顯著增強。

3. 就業促進

就業促進是激發貧困人口脫貧內生動力的重要內容，是精準扶貧、精準脫貧的重要措施之一。加強就業促進應以促進扶貧對象穩定就業為核心，著力培育「造血」機能，通過開展就業技能培訓、舉辦專場招聘、主動對接崗位、開展創業指導、開發公益性崗位安置、幫扶高校貧困畢業生就業等方式，切實解決貧困人口的就業問題，實現

就業脫貧。2015 年，福建省龍岩市在全市各縣、區開展「雨露計畫」，邀請多名專業技術人員巡迴講課，針對貧困村農戶發展的實際需要，按照農民需要學什麼就培訓什麼的原則，分別選擇果樹、水稻、地瓜、蔬菜、鐵皮石斛、金線蓮、紫菜、百香果、葡萄等栽培技術，高山蔬菜種植技術，水產養殖技術，以及蔬菜病蟲害防治技術等進行培訓。截至 2015 年年底，共培訓 10376 人。通過「雨露計畫」培訓專案，貧困群眾不僅獲得了資金補助，提高了科技文化素質，而且掌握了專業技術技能知識，增強了致富能力，加快了脫貧致富步伐。重慶市積極探索勞務協作，通過舉辦「春風行動」「民營企業招聘周」「農民工日招聘會」等活動，重點在貧困鄉鎮、行政村組織專場招聘，搭建農村貧困人員與用人單位的對接平臺，同時積極發揮市和區縣人力資源服務公司、社會勞務仲介和農村勞務經紀人的作用，組建人力資源服務聯盟，實行用工需求及時發佈、人員招募高效對接，引導農村勞動力特別是貧困人員梯度轉移。目前，聯盟成員企業已從 2015 年年初的 114 家擴大到近 1000 家，2015 年新轉移農村勞動力就業 18.3 萬人，其中貧困人員 7.5 萬人，促進了轉移就業脫貧。[1]

4. 產業扶貧

產業是發展的根基，也是脫貧的主要依託，沒有產業支撐的脫貧致富，是無源之水、無本之木，是不可持續的。時任國務院副總理、

---

[1] 楊光：〈重慶市促進貧困人口有序轉移逐步實現就業脫貧〉，http: // www.cpad.gov. cn/art/ 2016/4/5/art_5_47902.html，2016 年 4 月 5 日。

國務院扶貧開發領導小組組長汪洋在 2016 年全國產業扶貧電視電話會議上強調，要堅持精準扶貧、精準脫貧基本方略，緊緊圍繞貧困人口脫貧目標，培育和發展特色優勢產業，在「十三五」期間，要通過產業扶貧，實現 3000 萬以上農村貧困人口脫貧。推進產業扶貧，要堅持市場導向，遵循市場和產業發展規律，因地制宜合理確定產業發展方向、重點和規模，提高產業發展的持續性和有效性。要將產業發展與建檔立卡貧困人口的脫貧銜接起來，通過股份制、股份合作制、土地託管、訂單幫扶等多種形式，建立貧困戶與產業發展主體間利益聯結機制，讓貧困人口分享產業發展收益。[1] 湖南省炎陵縣，地處羅霄山脈集中連片特困地區，在這片 2000 多平方公里、20 多萬人口的革命老區，縣委、縣政府著力化劣勢為優勢，因地制宜發展產業，特色農業、文化旅遊、生態工業持續發力，不僅提升了對經濟發展貢獻率，同時也成為脫貧攻堅的主戰場。首先，「認清自己」、選準產業。該縣人均耕地少，高山地區耕地碎片化，大規模的糧食種植和養殖產業成不了氣候。政府引導當地發展特色農業，走精細化管理之路。以口感獨特的炎陵黃桃為突破口，全縣黃桃種植面積 2.1 萬畝，投產面積 5200 畝，2015 年總產量為 3645 噸，總產值過億元，不少種植戶依靠種植黃桃摘掉了貧困的帽子，全縣 6017 人實現穩定脫貧。以黃桃為代表的水果、茶葉、蔬菜、白鵝、楠竹等「一帶八基地」特色農業發展，在炎陵風生水起。其次，全力改善基礎設施，抓住產業扶貧的關鍵。炎陵縣投資 6.34 億元修建旅遊環線，途經 7 個鄉鎮，惠及全縣將

---

1 汪洋：〈推進產業扶貧加快脫貧步伐〉，《人民日報》2016 年 5 月 24 日。

近一半的人口，改善了沿線群眾的生產生活條件，帶動了沿線的產業發展，促進了農民脫貧致富。向來「養在深閨人未識」的梨樹洲村，由於通電、通公路，遊客爭相前往，欣賞南方鐵杉、冰臼群等獨特景觀，村裡 30 多戶家家開起了農家樂，曾經的貧困村舊貌換新顏。再次，組建農業合作社，培育扶貧龍頭力量。炎陵縣黃桃協會所屬 15 家合作社帶動當地整鄉整村脫貧，神農生態茶葉共帶動 541 戶貧困戶種植茶葉，金紫峰糧油公司吸收 124 戶貧困戶參與經營。截至 2015 年年底，政府引導組建在工商登記註冊的合作社有 238 家，註冊資本 2.05 億元，合作社成員 3840 人，帶動農戶 13120 戶。[1]

5. 以工代賑

以工代賑是從 20 世紀 80 年代開始實施的一項農村扶貧政策，重點用於與貧困地區經濟發展和農民脫貧致富相關的農村小型基礎設施建設，主要包括縣鄉村公路、農田水利、人畜飲水、基本農田、草場建設、小流域治理、片區綜合開發等。當前，在緊迫的扶貧任務中，黨和政府更要大力實施以工代賑，有效改善貧困地區耕地（草場）品質，穩步增加有效灌溉面積；加強鄉村（組）道路和人畜飲水工程建設，開展水土保持、小流域治理和片區綜合開發，增強抵禦自然災害能力，夯實發展基礎。「十二五」期間，福建省安排資金 10 億元，用於長汀、武平、寧化等 22 個原中央蘇區縣和 4 個原國定貧困縣重點實施一批基本農田建設、小型農田水利鄉村道路建設，兼顧實施一批小

---

1 侯琳良：〈產業扶貧，如何真正落地？〉，《人民日報》2016 年 2 月 14 日。

流域綜合治理、人畜飲水和片區綜合治理工程。通過加快建設農村路網，全面實現建制村和較大自然村通硬化公路，加快農村飲水安全工程建設，促進農村群眾生產、出行和貨物運輸條件進一步改善；通過扶持建設一批農田水利設施，加強中低產田改造和基本農田建設，推動農村特色經濟發展壯大和農民大幅增收；通過積極推進小流域綜合治理和片區綜合治理工程，促使農村生態環境品質和環境衛生條件得到較大改善，實現欠發達地區農村發展條件的顯著改善。

6. 扶貧試點

中國幅員遼闊，各地區的情況各不相同。因此，在扶貧開發工作中應不斷創新扶貧開發機制，針對特殊情況和問題，積極開展邊境地區扶貧、地方病防治與扶貧開發結合、災後恢復重建以及其他特困區域和群體扶貧試點，擴大互助資金、連片開發、彩票公益金扶貧、科技扶貧等試點，在一些特殊類型的困難地區開展符合當地特點的扶貧開發工作。比如，在廣西壯族自治區的東蘭縣、巴馬縣、鳳山縣，集中力量開展了解決基礎設施建設的大會戰；在四川省阿壩藏族羌族自治州，開展了扶貧開發與綜合防治大骨節病相結合的試點；在貴州省晴隆縣開展了石漠化地區的扶貧開發與生態環境建設相結合的試點；在新疆維吾爾自治區的阿合奇縣開展了邊境扶貧的試點；對雲南省的布朗族及瑤族山瑤支系開展全面扶貧；在汶川、玉樹地震災區，把貧困地區的防災減災與災後恢復重建有機結合，全面推進災後恢復重建。通過這些試點，為因地制宜做好扶貧開發工作探索了道路，積累了經驗。

（二）行業扶貧

　　行業扶貧主要指各行業部門履行行業管理職能，支援貧困地區和貧困人口發展的政策和專案，承擔著改善貧困地區發展環境、提高貧困人口發展能力的任務，包括明確部門職責、發展特色產業、開展科技扶貧、完善基礎設施、發展教育文化事業、完善社會保障制度、重視能源和生態環境建設等。

1. 明確部門職責

　　明確部門職責是行業扶貧的首要內容。在開展行業扶貧的過程中，各行業部門要把改善貧困地區發展環境和條件作為本行業發展規劃的重要內容，在資金、專案等方面向貧困地區傾斜，並完成本行業國家確定的扶貧任務。然而，在扶貧開發的實踐中，具體扶貧開發工作涉及「農林牧副漁，工農商學兵」等各行各業，扶貧項目涉及產業、基礎設施、社會發展等各個領域，由此導致了扶貧工作往往與交通、水務、農業等涉農部門職能工作內容重疊，扶貧專案申報、資金管理與財政、發改等部門職責劃分不明。這種種問題要求開展行業扶貧工作首先必須明確部門職責。革命老區福建省將樂縣為了進一步解決縣扶貧開發工作中各有關部門職責混亂、工作重疊的問題，不僅制定了《精準扶貧「348」工作機制》《精準扶貧管理工作職責》《精準扶貧目標任務》《幫扶貧困戶十項具體形式》等，明確各有關部門的職責，而且完善了各項的專項資金、扶貧基金的管理辦法，成立扶貧小額貸款擔保基金，指定專人負責各項工作的具體業務和檔案管理、扶貧情況

上報、脫貧驗收、審核工作。通過明確部門職責，將樂縣各部門、單位逐漸形成了一股相互配合、共同努力的扶貧開發合力。

2. 發展特色產業

特色產業辦得好，可以起到引領貧困地區經濟發展的作用。在發展特色產業的過程中，應加強農、林、牧、漁產業指導，發展各類專業合作組織，完善農村社會化服務體系。圍繞主導產品、名牌產品、優勢產品，大力扶持建設各類批發市場和邊貿市場。按照全國主體功能區規劃，合理開發當地資源，積極發展新興產業，承接產業轉移，調整產業結構，增強貧困地區發展內生動力。地處福建省龍岩市新羅區西北部的江山鎮通過創建江山模式，發展特色產業，努力打造品牌優勢，謀求發展的內生動力。該鎮總面積 248.5 平方公里，下轄 16 個行政村、67 個自然村，擁有耕地 1.44 萬畝、林地 37 萬畝，森林覆蓋率達 85.49％。全鎮共有貧困戶 297 戶。在脫貧攻堅戰中，江山鎮充分利用地緣及資源優勢，發展特色產業，打造「三大品牌」，創建獨具特色的江山模式。第一，充分利用其多林、高山的特點，做大農業品牌。江山鎮開展斜背茶「茶王」大賽，成立斜背茶專業合作社，打造江山斜背茶品牌。同時，推進高山反季節蔬菜的傳統農業產業，重點扶持牛樟芝、鐵皮石斛、金線蓮等中草藥產業發展，發展百香果、樹葡萄、大花蕙蘭等花、果觀光產業，建設一批新型示範性家庭農場，打造瓜果飄香的後花園、旅遊觀光的產業帶。第二，憑藉自然人文景觀豐富的優勢，做強旅遊經濟。江山鎮在完善石福公景區管理體制、基礎設施的基礎上，力爭將石福公景區打造成國家 4A 級景區，

並以石福公景區為核心，帶動周邊石山園景區、睡美人景區、高海拔自駕遊帶等重點旅遊專案的發展。第三，突出革命老區和歷史古鎮的特點，做優文化品牌。江山鎮不斷豐富廣場文化、村鎮文化和校園文化，打造「龍岩勝景出江山」文化品牌，形成以閩南文化為重點，以紅色文化、禪宗文化、旅遊文化、古建築文化、民俗文化為特色的江山文化，在夯實文化產業發展基礎的同時推動旅遊品牌發展。需要指出的是，江山鎮所實行的村際產業互助脫貧戰術、產業幫扶機制是江山模式得以創建的保障。一方面，幾村共同發展某一產業，如老寨、背洋、新寨、梅溪等村斜背茶產業資源豐富則共同成立斜背茶專業合作社，山塘村、新田村位於景區內則共同開發旅遊產業，相對減輕了各村的資源及勞動力負擔；另一方面，由鎮政府和所在村脫貧掛鉤部門對各村給予資金和政策支援，確保了「三大品牌」的形成和江山模式的創建。

3. 開展科技扶貧

科技扶貧是我國政府扶貧開發的重要戰略之一，是通過適用技術的推廣應用和科學普及，改變貧困地區封閉落後狀況的經濟發展模式，依靠科技進步、技術創新，提高貧困人口生產生活水準，促進貧困村的發展，啃下扶貧攻堅的「硬骨頭」。開展科技扶貧，要積極推廣良種良法，圍繞特色產業發展，加大科技攻關和科技成果轉化力度，推動產業升級和結構優化；大力培育一批科技型扶貧龍頭企業，建立完善符合貧困地區實際的新型科技服務體系，加快科技扶貧示範村和示範戶建設；繼續選派科技扶貧團、科技副縣（市）長和科技副

鄉（鎮）長、科技特派員到貧困地區工作。福建省通過開展科技扶貧工作，注重與貧困地區的區域經濟發展緊密結合，圍繞貧困地區主導產業升級和結構調整，不斷擴大技術輻射抓示範，開展技術承包抓落實，完善服務體系抓流通，加強科技培訓抓素質，逐漸形成了兩種具有福建特色的科技扶貧發展主導模式：一是科技供給主導模式，政府積極、主動推廣科技項目成果應用，為貧困地區發展「造血」。福建省寧德市柘榮縣鳳里村曾是閩東著名的貧困村，2004 年以前，全村種植綠茶 42.67 公頃，每公頃收入 13500 多元，茶葉總收入僅 60 萬元。2004 年，福建省科技廳掛鉤扶持該村並主動將當時最先進的茶葉新品種金觀音、黃觀音引入，通過科技普及、宣傳推介和舊茶園改造等，引導全村農民大量種植。至 2009 年金觀音、黃觀音投產面積 33.33 公頃，每公頃產值 75000 元，總產值超 250 萬元，108 戶種茶戶僅以上新品種茶葉生產戶均收入就達 2.5 萬元，原先貧困落後的狀況得到了根本改善。鳳裡村的發展是科技供給主導模式的成功案例之一，福建省科技管理部門將已有先進適用的科技成果向扶貧村輸入和引導，使原先貧困落後的鳳裡村成為柘榮縣第一個茶葉生產專業村，並輻射帶動了全縣乃至周邊縣市的烏龍茶產業的發展。二是科技需求主導模式，貧困地區的農戶或企業具有依靠科技進步改變落後面貌的技術需求，政府積極支援、配合。在許多需要技術的貧困地區，科技扶貧往往是技術人員不定期到村裡走個形式，村民時常聯繫不到技術人員，造成「村民需要時技術人員不在，技術人員下來時村民不一定需要」的狀況。針對這種狀況，福建省寧德市蕉城區三都鎮著力創建技術人員常駐制，使科技需求主導模式落到實處。該鎮曾是個靠海吃海的窮地方，村民多以養殖大黃魚為生。但海上養殖並非易事，天災、病害不斷困

擾著漁民養殖，稍有不慎，損失極為慘重，甚至有的漁民因為魚病害一夜致貧。2015 年，該鎮成立精準扶貧科技特派員工作站，來自富發水產有限公司大黃魚育種國家重點實驗室、省農科院生物研究所的技術人員成為科技扶貧特派員，常駐工作站。科技扶貧特派員不僅便於深入瞭解當地實情，洞察漁民的需求，而且與下基層的方式不同，常駐的方式可以突破時間的限制，一旦漁民遇到養殖難題，隨時都能聯繫科技扶貧特派員。除了滿足漁民的需要，説明漁民防治魚病害，科技扶貧特派員還致力於新品種培育，幫助漁民豐富養殖品種。值得一提的是，精準扶貧科技特派員工作站還設立了漁民科技夜校、圖書館，針對漁民的需求，邀請國內一流專家就防治魚病害進行授課，編寫防治魚病害的培訓手冊，幫助漁民掌握養殖的專業知識。目前，三都鎮有 30 多萬框網箱，從業人員超過 3 萬人，形成一條完整的產業鏈，有經濟基礎的漁民可以從事養殖，沒有成本的也可以從事縫製網具等工作。依靠科技培育的大黃魚和科技人員的智力支持，三都鎮漁民走上了脫貧致富的康莊大道。

4. 完善基礎設施

作為產業發展、整村推進的基礎，貧困地區要擺脫貧困奔小康必須完善基礎設施建設。第一，應推進土地整治，加快中低產田改造，開展土地平整，提高耕地品質。推進大中型灌區續建配套與節水改造和小型農田水利建設，發展高效節水灌溉，扶持修建小微型水利設施，抓好病險水庫（閘）除險加固工程和灌溉排水泵站更新改造，加強中小河流治理、山洪地質災害防治及水土流失綜合治理。第二，完

善道路等交通基礎設施建設。要致富，先修路，路不通，萬事難。交通基礎設施抓住了貧困地區扶貧的咽喉，修橋鋪路，恰恰是打開脫貧致富的迅捷通道。完善基礎設施應加快貧困地區通鄉、通村道路建設，積極發展農村配送物流。第三，積極實施農村飲水安全工程。繼續推進新農村電氣化、小水電代燃料工程建設和農村電網改造升級，實現城鄉用電同網同價。第四，普及信息服務，優先實施重點縣村村通有線電視、電話、互聯網工程。加快農村郵政網絡建設，推進電信網、廣電網、互聯網三網融合。福建省福鼎市磻溪鎮赤溪村脫貧致富的一個成功經驗在於完善基礎設施。1995 年，赤溪村在完成易地搬遷工作的基礎上，按照村莊整體規劃及佘族特色村寨規劃，採取政府出一點、社會資助一點、村民出一點和群眾投工投勞的方式，完成飲水安全工程、電網改造等基礎設施建設。昔日赤溪「地無三尺平」，落後的交通設施成為橫攔在赤溪村脫貧致富道路上的障礙。針對交通瓶頸，赤溪村先後修建了連接磻溪、太姥山、白琳等的主要自然村公路。據不完全統計，1995 年以來各級黨委、政府已為赤溪村投入建設資金 8339 萬元，建成交通、水電等各項基礎設施項目 25 個，正在實施和計畫實施的專案 13 個，建設資金 10785 萬元。通過基礎設施的完善，赤溪村的山地特色農業、旅遊業才得以發展，赤溪村的經濟才得以騰飛。

5. 發展教育文化事業

習近平多次指出，扶貧先扶智，絕不能讓貧困家庭的孩子輸在起跑線上。開展行業扶貧，必須大力發展貧困地區的教育文化事業。應推進邊遠貧困地區適當集中辦學，加快寄宿制學校建設，逐步提高農

村義務教育階段家庭經濟困難寄宿生生活補助標準，推進農村中小學生營養改善工作，加大對各級各類殘疾學生扶助力度；免除中等職業教育學校家庭經濟困難學生和涉農專業學生學費，落實國家助學金政策；繼續實施東部地區對口支援中西部地區高等學校計畫和招生協作計畫。貧困地區勞動力進城務工，輸出地和輸入地要積極開展就業培訓。加強基層文化隊伍建設，推進廣播電視村村通、農村電影放映、文化信息資源分享和農家書屋等重大文化惠民工程建設。福建省高度重視貧困地區文化教育事業的發展，把推進精準扶貧作為全省教育工作的重要任務，著力構建覆蓋23個重點縣、老區、少數民族地區教育發展的傾斜扶持工作機制。在省委和省政府的帶動下，各地紛紛出臺舉措共同奏響文化教育扶貧的「大合唱」。三明市永安市率先探索推出「半臺戲」文化下鄉模式，利用流動舞臺車、流動圖書館深入基層農村開展「文化走親」鄉土巡演，由文化館業務幹部、館辦公益文藝團隊和文化志願者出半臺節目，鄉鎮（街道）、村（社區）群眾自編自演半臺節目，滿足貧困地區的文化需求；龍岩市長汀縣建立多個縣級貧困勞動力轉移培訓基地，安排貧困戶和低收入農戶勞動力接受技能免費培訓，同時充分發揮農業科技人員的引領帶動作用，開展縣、鄉農業科技人員和村級農民技術員與貧困戶結對幫扶活動，幫助農民掌握致富技能。

6. 完善社會保障制度

完善社會保障制度是對「真扶貧，扶真貧」工作的有力促進。全國人大農業與農村委員會委員張曉山指出，全國的貧困村中有21.1%

沒有合格的衛生室，建檔立卡戶有 42% 是因病致貧。如果社會保障等跟不上，會影響扶貧開發的最終決戰。[1] 扶貧開發要與加大當地社會保障工作的力度相銜接：第一，要逐步提高農村最低生活保障和五保供養水準，切實保障沒有勞動能力和生活常年困難農村人口的基本生活。第二，健全自然災害應急救助體系，完善受災群眾生活救助政策。第三，加快新型農村社會養老保險制度覆蓋進度，加快農村養老機構和服務設施建設，支援貧困地區建立健全養老服務體系。第四，加快貧困地區社區建設，做好村莊規劃，擴大農村危房改造試點，幫助貧困戶解決基本住房安全問題。第五，完善農民工就業、社會保障和戶籍制度改革。福建省歷來重視完善社會保障制度，從 2004 年開始，對貧困人口先後實行最低生活保障、參加新型農村合作醫療和養老保險基礎養老金等政策，解決貧困人口的生活和基本保障問題，目前全省低保線下的 73.7 萬貧困人口全部納入最低生活保障，新農合參合率達 99.8%，新農保參保率達 95% 以上。在實行貧困村運轉經費保障制度方面，從 2001 年開始，省級財政每年安排村級運轉經費，目前平均每村達 7.5 萬元，市、縣兩級財政予以相應配套；在為重點縣基本財力提供保障方面，省級財政通過增加一般性轉移支付的辦法，確保重點縣基本財力保障，並逐漸開始對每縣每年各增加補助 1000 萬元以上，由縣級統籌用於重大民生政策的支出；在完善農民工就業、戶籍改革方面，省有關部門通過加強職業技能培訓、規範使用農民工的勞動用工管理、擴大農民工參加城鎮社會保險覆蓋面、出臺具體可操作的戶

---

1 張曉山：〈社會保障等跟不上會影響扶貧開發最終決戰〉，http: // politics.caijing. com.cn/ 20160311/4086290.shtml，2016 年 3 月 11 日。

籍制度改革措施等切實維護農民工的權益，促進農民工在城鎮落戶。[1]
福建省社會保障逐步完善，行業扶貧工作始終有序進行。

7. 重視能源和生態環境建設

　　生態文明建設和精準扶貧都是關乎國計民生的大事。那些有著良
好生態資源但經濟欠發達的地區既是「脫貧一線」，更是生態文明發
展的「潛力區」，應把扶貧工作和生態環境保護有機結合，圍繞「既
要金山銀山、更要綠水青山」的綠色發展理念，堅持「在發展中保護，
在保護中發展」，將生態優勢轉變為經濟優勢，探索綠色減貧之路，
讓貧困群眾共用生態紅利。這是消除貧困、實現可持續發展的根本途
徑。一方面，統籌貧困地區資源保護與經濟社會發展，充分依託貧困
地區的生態資源優勢，發展生態產業，堅持「扶貧開發與經濟社會發
展並行，扶貧開發與生態保護並重」，依靠科技進步，政產學企結合，
增強社會合力，提高扶貧效益，探尋適合當地實際的生態扶貧產業體
系。另一方面，加快貧困地區可再生能源開發利用，因地制宜發展小
水電、太陽能、風能、生物質能，推廣應用沼氣、節能灶、固體成型燃
料、秸稈氣化集中供氣站等生態能源建設項目，帶動改水、改廚、改
廁、改圈和秸稈綜合利用，加大自然環境治理、村容村貌整治、環境
衛生清潔等生態綜合整治力度。貴州省是中國扶貧攻堅的主戰場，也
是生態文明建設的示範區。海拔 2300 多米的海雀村是貴州畢節市赫章

---

1 賴詩雙：〈「真扶貧扶真貧」──福建省建立完善六個機制推動精準科學扶貧〉，
　《農村工作通訊》2015 年版，第 22 ~ 24 頁。

縣最邊遠的一個村，地處雲貴高原烏蒙山區岩溶貧困地帶。30多年前，由於土地破碎、水土流失嚴重，當地村民為填飽肚子，曾一度毀林開荒，在生態極其脆弱的山坡上，把玉米從山腳一直種到山頂，然而種出的糧食仍然養活不了一方人。眼看村子越墾越荒，越荒越窮，村幹部做出決定，帶領村民在萬畝荒山上植樹，使曾經的「和尚坡」變成了「綠色銀行」。據估算如今林場價值達4000多萬元。海雀村的巨變是生態文明建設與扶貧開發良性互動的一個縮影。目前脫貧攻堅已經進入「啃硬骨頭」階段，剩餘的貧困人口主要分佈在國家重要生態功能區，生態建設與扶貧開發任務異常繁重。精準扶貧戰略包括移民搬遷扶貧、光伏產業扶貧、旅遊扶貧等三項「綠色減貧」工程，必須努力使生態文明建設與精準扶貧在多領域、多渠道、多角度的良性互動中協調推進，實現生態效益、經濟效益與社會效益的共贏。

（三）社會扶貧

貧困，是當今世界最尖銳的社會問題之一，特別是對於我國這樣一個區域發展差異大、農村人口數量多的發展中大國來說，要在2020年實現全面建成小康社會的奮鬥目標，必須充分調動機關事業、企業、社會組織等社會各界參與扶貧開發事業，集眾智、聚合力，從不同角度擴大扶貧資源，共同做好脫貧攻堅工作。2017年6月習近平在深度貧困地區脫貧攻堅座談會上就聚焦精準發力、攻克堅中之堅，做出一系列新部署，並明確要求東部經濟發達縣結對幫扶西部貧困縣「攜手奔小康行動」和民營企業「萬企幫萬村行動」，都要向深度貧困地區傾斜。社會扶貧主要包括加強定點扶貧、推進東西部扶貧協作、發

揮軍隊和武警部隊的作用、動員企業和社會各界參與扶貧等。

1. 加強定點扶貧

改革開放以來，各級黨政機關、國有企事業單位等率先開展定點扶貧，對推動社會扶貧發揮了重要引領作用。同時，民營企業、社會組織和個人通過多種方式參與的扶貧開發日益顯示出巨大發展潛力。在扶貧開發的攻堅時期，必須做好定點扶貧工作。各級黨政機關、國有企事業單位、各民主黨派中央、全國工商聯以及各類非公有制企業、社會組織承擔定點扶貧任務，各定點扶貧單位要制定幫扶規劃，積極籌措資金，定期選派優秀中青年幹部掛職扶貧，發揮黨政領導定點幫扶的示範效應。

第一，中央和國家機關各部門各單位、人民團體、參照公務員法管理的事業單位和國有大型骨幹企業、國有控股金融機構、國家重點科研院校、軍隊和武警部隊，要積極參加定點扶貧，承擔相應的定點扶貧任務。習近平強調，各級黨政機關、國有企事業單位開展定點扶貧，是中國特色扶貧開發事業的重要組成部分，也是我國政治優勢和制度優勢的重要體現。做好新形勢下定點扶貧工作，要切實增強責任感、使命感、緊迫感，堅持精準扶貧、精準脫貧，堅持發揮單位、行業優勢與立足貧困地區實際相結合，健全工作機制，創新幫扶舉措，提高扶貧成效，為堅決打贏脫貧攻堅戰做出新的更大貢獻。據統計，黨的十八大以來，截至 2015 年底，參與定點扶貧的中央單位達到 320個，實現了對貧困縣的全覆蓋，累計向貧困縣選派掛職幹部 1266 人

次，投入幫扶資金69億元，幫助引進資金363億元。[1] 在福建省，各級黨政機關積極聚焦精準，完善掛鉤幫扶政策，分類制定幫扶措施，著力健全「省負總責、市縣抓落實、工作到村、幫扶到戶」的長效機制。福建省龍岩市金砂鄉159戶貧困戶中，有1名廳級幹部掛鉤3戶，2名處級幹部掛鉤4戶，市直單位幹部掛鉤8戶，區直單位幹部掛鉤104戶，鄉幹部掛鉤40戶，實現了掛鉤幫扶全覆蓋，且所有掛鉤的幹部均至少入戶1次以上。福建省龍岩市江山鎮黨委和政府大力開展「秤砣式」掛鉤幫扶扶貧活動，要求每一位掛鉤幫扶幹部「做秤砣式幹部」：像秤砣一樣實，作風扎實，深入群眾之中，拉家常、揭鍋蓋、摸被褥、看糧袋；像秤砣一樣強，善於攻堅克難，幫冷暖、幫生計、幫脫貧；像秤砣一樣公，公道正派，樹立社會公信，站得直、立得正、做得好。通過「秤砣式」掛鉤，切實幫扶每一戶貧困群眾。與各級黨政機關不同，各國有企事業單位則充分利用行業優勢開展定點扶貧工作。福建省龍岩市連城縣上琴村是由福建省煙草專賣局（公司）掛鉤幫扶的貧困村，2012年以來，在福建省煙草專賣局（公司）下派的駐村書記的帶領下，全村突出煙草種植特色，在完善基礎設施的基礎上，利用煙葉生產扶持政策，大力推進現代煙草農業建設，走出了一條「基礎先行、產業扶貧」的扶貧開發之路。此外，福建省煙草專賣局（公司）還積極引導煙農利用煙葉生產設施設備發展多種經營，拓寬增收渠道，如利用育苗大棚開展蔬菜、花卉、水果種植，利用烤房進行食用菌養殖和農產品、中藥材烘乾，利用煙田水利設施開展水產養殖，等等。在福建

---

1 《定點扶貧要創新幫扶舉措提高扶貧成效》，《新華每日電訊》2015年12月12日。

省煙草專賣局（公司）的幫扶下，上琴村村民紛紛擺脫貧困，向著小康生活邁進。

第二，支援各民主黨派中央、全國工商聯參與定點扶貧工作。各民主黨派中央、全國工商聯是定點扶貧工作的重要力量。在中央統戰部帶領中央各民主黨派在貴州畢節的「同心」實踐的定點扶貧工作中，福建省委統戰部於 2011 年創造性地提出由福建省八個民主黨派和工商聯支持助推南平市政和縣發展的重大戰略決策，其中，農工黨福建省委會響應中共福建省委和省委統戰部的號召，組織和動員全省廣大黨員，發揮農工黨的界別優勢，群策群力，積極投入同心助推政和縣嶺腰鄉行動。在農工黨福建省委會科學調研、科學規劃、科學立項等一系列定點幫扶活動的推動下，嶺腰鄉發生了巨大的變化。據統計，該鄉生產總值由 2012 年的 27515 萬元增長到 2015 年的 36095 萬元，增長 31.2%，農民人均純收入由 2012 年的 4498 元增加到 2015 年的 6720 元，增長 49.4%，2012 年累計完成固定資產投資 414 萬元，2015 年累計完成固定資產投資 7300 萬元，增長了 16 倍多，鄉容鄉貌發生了巨大改善，農民增產增收，取得了明顯的助推實效。此外，臺灣民主自治同盟、中國致公黨等民主黨派也積極回應，參與到「同心」品牌系列活動中，通過向政和縣石屯小學開展捐贈幫扶和慰問政和縣助困、助醫、助學、助殘、助老、助孤等「六助」貧困人口等方式，為定點扶貧工作貢獻力量。

第三，積極鼓勵、引導、支援和幫助各類非公有制企業、社會組織及個人承擔定點扶貧任務。各類非公有制企業、社會組織及個人在定點扶貧工作中的作用進一步突顯。2015 年 10 月 17 日，在中國第二個「扶貧日」，全國工商聯、國務院扶貧辦和中國光彩會啟動「萬企

幫萬村」精準扶貧行動，該行動以民營企業為幫扶方，以建檔立卡的貧困村為幫扶對象，以簽約結對、村企共建為主要形式，力爭 3 到 5 年時間，動員全國 1 萬家以上民營企業參與，幫助 1 萬個貧困村加快脫貧進程。在幫扶途徑上，「萬企幫萬村」行動號召民營企業因地制宜選擇幫扶形式，包括投資興辦企業開發貧困村資源的「產業扶貧」、幫助貧困村對接外部市場的「商貿扶貧」、為貧困群眾提供就業崗位的「就業扶貧」、捐贈財物改善當地生產生活條件的「捐贈扶貧」、傳授貧困群眾實用技術的「智力扶貧」等。[1]「萬企幫萬村」精準扶貧行動自啟動以來，廣泛動員民營企業參與脫貧攻堅，參與度、覆蓋面、創新性、實效性都超過預期，得到中央領導同志的高度肯定，受到社會各界的廣泛好評，已營造出民營企業參與脫貧攻堅的浩大聲勢。行動在創新幫扶模式方面做出積極探索，不僅豐富了民營企業扶貧的路徑和方式，也為全國脫貧攻堅在思路上提供了有益借鑒，已成為民營企業拓展發展空間、實現轉型升級的重要途徑，成為民營企業家接受理想信念教育的生動課堂。2017 年 6 月 23 日，習近平在山西太原市主持召開深度貧困地區脫貧攻堅座談會，要求民營企業「萬企幫萬村行動」要向深度貧困地區傾斜。29 日，全國「萬企幫萬村」精準扶貧行動片區座談會在甘肅省和政縣召開，強調要進一步推動「萬企幫萬村」精準扶貧行動提質增效，及時總結好經驗好做法並加以推廣，傳遞正能量，營造扶貧向善的社會氛圍。[2]

---

1 〈企業與貧困村簽約結對　萬企幫萬村啟動〉，《人民日報》2015 年 10 月 18 日。
2 〈全國「萬企幫萬村」精準扶貧行動片區座談會在甘召開〉，《中華工商時報》2017 年 6 月 30 日。

2. 推進東西部扶貧協作

　　2016 年 7 月 20 日，習近平在銀川主持召開東西部扶貧協作座談會上強調，東西部扶貧協作和對口支援，是推動區域協調發展、協同發展、共同發展的大戰略，是加強區域合作、優化產業佈局、拓展對內對外開放新空間的大佈局，是實現先富幫後富、最終實現共同富裕目標的大舉措。東西部扶貧協作是「八七扶貧攻堅計畫」實施期間提出的一項創新性舉措，其目的在於動員東部發達省市的力量對口支援貧困地區的發展和貧困人口的脫貧。1996 年國務院扶貧開發領導小組在全國扶貧工作會議上決定讓東部沿海的 13 個發達省市分別幫助西部的 10 個貧困省和自治區。組織東部地區支援西部地區 20 年來，黨中央不斷加大工作力度，形成了多層次、多形式、全方位的扶貧協作和對口支援格局，使區域發展差距擴大的趨勢得到逐步扭轉，西部貧困地區、革命老區扶貧開發取得重大進展。在西部地區城鄉居民收入大幅提高、基礎設施顯著改善、綜合實力明顯增強的同時，國家區域發展總體戰略得到有效實施，區域發展協調性增強，開創了優勢互補、長期合作、聚焦扶貧、實現共贏的良好局面。這在世界上只有我們黨和國家能夠做到，充分彰顯了我們的政治優勢和制度優勢。東西部扶貧協作和對口支援必須長期堅持下去。[1]

　　閩寧對口扶貧協作是全國東西部扶貧協作的典型案例之一。20 年的閩寧對口扶貧協作，福建向寧夏無償援助 2.43 億元，各對口幫扶市

---

1 〈習近平在東西部扶貧協作座談會上強調　認清形勢聚焦精準深化幫扶確保實效切實做好新形勢下東西部扶貧協作工作〉，《人民日報》2016 年 7 月 22 日。

縣（區）無償投入累計達 2.32 億元，社會各界捐助折款 1.22 億元；幫扶寧夏貧困地區修建 22.9 萬畝高標準梯田，改造危房危窯 1900 戶，新建村級衛生室 200 個，援建希望小學 96 個，建設閩寧示範村 124 個，修建、完善了一批水利水保設施、農村電網、道路、廣播電視、飲水工程等，近 50 萬寧夏貧困人口因此受益。2013 年，國務院扶貧辦將閩寧對口扶貧協作模式——「閩寧模式」正式列入《中國社會扶貧創新行動優秀案例集》，並作為具有代表性、創新性的成功案例向全國推廣。回顧其發展歷程，「閩寧模式」的成功主要歸因於以下幾個方面：第一，頂層設計幫扶。1996 年，福建省接到對口幫扶寧夏的任務後，當即成立了由時任省委副書記習近平為組長，省委組織部、宣傳部、農辦、計委、經貿等 19 個省直機關為成員單位的福建省對口幫扶寧夏領導小組。同年 11 月，閩寧對口扶貧協作第一次聯席會議決定：兩省區每年舉行一次聯席會議，總結、安排對口幫扶工作，協商解決有關問題；建立扶貧協作發展基金；從福建沿海 5 個省轄市中選出經濟實力較強的 8 個縣（市、區），對口幫扶寧夏 8 個國定貧困縣（區）；委派掛職幹部、部門對口協作。之後，一年一度的省級聯席會議在兩省區形成了「市縣結對幫扶」「互派掛職幹部」「部門對口協作」等協商、推進、監督機制，使得每年的協作項目都能與扶貧開發和寧夏發展大局緊緊相扣，按照「寧夏所需，福建所能」，充分將福建的人才、資金、科技、經驗、市場要素等深深植入寧夏發展的「肌體」，從根本上提升寧夏貧困地區的發展能力。第二，產業項目幫扶。在習近平提出的「優勢互補、互惠互利、長期協作、共同發展」原則指導下，各類產業紛紛落戶寧夏貧困地區。1997 年起，福建充分利用其作為菌草技術發源地的優勢，積極幫助寧夏發展菌草業，先後派出數百

名技術人員在彭陽、原州等地建立食用菌示範點，發展菌草種植農戶。在彭陽縣長城原村，閩寧合資的「閩寧現代食用菌產業示範園」各類食用菇年產量達 1000 多噸。要最大程度增強對口幫扶的「造血」功能，僅有政府的產業支援是不夠的，還必須引入市場機制。福建的企業家響應省委和省政府的號召，紛紛帶著先進的理念和項目奔赴寧夏。嚴國聖將自己的「薯業帝國」搬遷至西吉，與農戶形成土地流轉和技術合作互惠互利的模式，成為西海固地區農業產業化發展的樣本，帶領西吉現代工業實現零的突破。潘文賢在隆德開辦了第一家出口企業──寧夏隆德人造花工藝有限公司，促進了當地剩餘勞動力的就業。第三，文化教育幫扶。教育水準、文化程度低也是造成貧困的根源之一，「閩寧模式」堅持產業扶貧和智力扶貧兩手抓。20 年間，福建省在寧夏先後興建、擴建學校 186 所，為寧夏代培研究生 138 名，幫助培訓教師近 1500 人，幫助近 4 萬名輟學兒童和數百名貧困大學生重返校園。同時，「閩寧模式」還積極開展陽光培訓和勞務對接，讓貧困地區的年輕人「走出去」，學習致富技能。總計有 16.6 萬的寧夏勞務人員先後到福建企業學習先進技術、管理理念，開闊了視野，轉變了觀念，拓寬了思路，增長了才幹，帶回了閩商「愛拼才會贏」的作風，為改變家鄉落後面貌發揮了積極作用。

3. 發揮軍隊和武警部隊的作用

軍隊打勝仗，人民是靠山；群眾要脫貧，軍隊是後盾。軍隊和武警部隊是中國特色的扶貧開發、社會扶貧事業裡的一個重要主體。開展社會扶貧工作，必須注重發揮軍隊和武警部隊的作用，堅持把地方

扶貧開發所需與部隊所能結合起來。同時，部隊應本著就地就近、量力而行、有所作為的原則，充分發揮組織嚴密、突擊力強和人才、科技、裝備等優勢，積極參與地方扶貧開發，實現軍地優勢互補。至2014年，軍隊和武警部隊共幫扶 63 個貧困縣、547 個貧困鄉、2856 個貧困村，開展了整村推進扶貧開發、支援貧困地區農村和農業基礎設施建設、捐資助學、科技扶貧、醫療衛生扶貧、抗震救災送溫暖等活動，為促進幫扶對象儘快脫貧致富做了大量富有成效的工作。在脫貧攻堅這場特殊的戰鬥中，全軍和武警部隊勠力同心、接續奮鬥，主動挑起支援地方脫貧攻堅工作的重擔，以高度的政治自覺和行動自覺投入脫貧攻堅戰。據不完全統計，僅 2016 年以來，全軍和武警部隊官兵就助力 40 多萬貧困群眾脫貧致富，為打贏脫貧攻堅戰，實現中華民族偉大復興的中國夢而不懈努力。

4. 動員企業和社會各界參與扶貧

隨著社會主義市場經濟的發展，中國經濟高速增長，企業和社會各界在參與扶貧中日益顯現出巨大的能量。因而，在當前的扶貧開發工作中，應廣泛動員企業和社會各界參與扶貧，大力倡導社會責任，引導各類民間組織、企業家、志願者、港澳臺同胞、海外華人華僑、各類慈善機構及非政府組織，在自願的基礎上，通過多種形式捐資捐物，直接支援貧困戶和貧困地區的開發建設；鼓勵企業採取多種方式，推進集體經濟發展和農民增收；與貧困村建立共建機制；注重發揮港澳臺同胞、海外華人華僑回報桑梓的熱情，積極引導他們參與家鄉的扶貧開發，並為他們捐資助學、改善鄉村基礎設施等搭建服務平臺。

孕育人人皆願為、人人皆可為、人人皆能為的社會扶貧參與氛圍。

企業的財富取之於社會，自然要回饋社會。社會責任是企業的天賦責任。在國家攻堅扶貧開發、全面建設小康社會的衝刺階段，企業參與扶貧開發工作是其實現社會責任最有效的途徑之一。一方面，中國貧困人口的減少將為企業的發展營造更良好的社會環境；另一方面，貧困人口整體品質的提高將為企業提供素質更高的勞動力，從而促進企業尤其是貧困地區農村企業的不斷發展。港澳臺同胞、海外華人華僑是社會扶貧中的一支重要力量。福建省充分利用其僑鄉優勢，搭建僑力扶貧服務平臺，積極引導情系桑梓的港澳臺同胞、海外僑胞回鄉參與扶貧開發，推動家鄉經濟社會的發展。2013 年，福建省僑聯啟動「百僑幫百村 —— 共建美麗鄉村」活動，致力於整合海內與海外、沿海與山區的僑聯資源，引導廣大港澳臺同胞、海外僑胞從產業、科技、文化、醫療等方面參與家鄉建設。經過 3 年多的時間，已有 257 個僑聯組織（僑團、華僑）與 212 個村居（鄉、縣）結對，促成幫扶專案 300 多項，幫扶 5070 貧困戶，落實資金 3.86 億元人民幣。凝聚僑胞力量，開拓僑力扶貧，才能更好地壯大扶貧開發隊伍，助力脫貧攻堅戰役。

三、強化社會合力扶貧濟困的整體思路

扶貧開發工作要解放思想、開拓思路、深化改革、創新機制，使市場在資源配置中起決定性作用和更好發揮政府作用，更加廣泛、更為有效地動員社會力量，構建政府、市場、社會協同推進的大扶貧開

發格局，整合配置扶貧開發資源，形成脫貧攻堅合力，提升脫貧攻堅成效。

（一）強化規劃引領機制

脫貧攻堅要注重規劃引領，把規劃作為撬動市場資源、統籌政府資源、整合社會資源的平臺，以規劃統一各方步調，使扶貧開發政策落到實處。按照區域整體發展與扶貧到村到戶相結合的總體思路，大力推進貧困地區脫貧攻堅。行業部門要制定行業扶貧規劃，切實加大資金、專案、政策傾斜支持力度，共同推動貧困地區發展。貧困縣、貧困村要制定脫貧規劃，明確目標任務、工作措施、脫貧時限、保障機制等，與行業扶貧規劃有效對接。

（二）建立精準扶貧工作機制

按照國家統一制定的扶貧對象識別辦法，在已有工作基礎上，堅持扶貧開發政策和農村最低生活保障制度有效銜接，按照縣為單位、規模控制、分級負責、精準識別、動態管理的原則和程序公正透明、信息真實可靠、群眾認可滿意的標準，對每個貧困村、貧困戶建檔立卡，建設與全國扶貧信息網絡系統相銜接的各省區扶貧信息網絡。各項扶貧措施要與貧困識別結果相銜接，深入分析致貧原因，做到規劃到村到戶、幫扶到村到戶、考核到村到戶，扶真貧，真扶貧。堅持發展與扶貧並重，通過發展創造有利於「造血式」扶貧的大環境，使貧困群眾有更多公平的發展機會，推動精準扶貧更加有效、更可持續。

（三）健全幹部駐村幫扶機制

各級黨委、政府要加大駐村幫扶工作力度，確保每個貧困村都有駐村幫扶單位，每個貧困戶都有幫扶責任人，實現駐村幫扶長期化、制度化。駐村工作隊要協助基層組織貫徹落實黨和政府各項強農惠農富農政策，積極參與扶貧開發各項工作，幫助貧困村、貧困戶脫貧致富。實行隊員當代表、單位做後盾、領導負總責工作機制，幫扶對象不穩定脫貧，幫扶不脫鉤。把駐村入戶扶貧作為培養鍛煉幹部特別是青年幹部的重要渠道。建立考核制度和激勵約束機制，把駐村幫扶的成效和扶貧單位、駐村幹部的考核結合起來，使能吃苦、會幫扶、貧困群眾認可的優秀幹部脫穎而出，得到重用。

（四）改革財政專項扶貧資金管理和監督機制

各級政府要逐步增加財政專項扶貧資金投入，加大資金管理改革力度，增強資金使用的針對性和實效性。項目資金要到村到戶，解決貧困村、貧困戶亟須解決的問題，確保扶貧資金真正惠及扶貧對象。把資金分配與工作考核、資金使用績效評價結果結合起來，探索先建後補、以獎代補等競爭性分配辦法。簡化資金撥付流程，專案審批許可權全部下放到縣。以扶貧攻堅規劃和重大扶貧項目為平臺，整合扶貧和相關涉農資金，集中解決突出貧困問題。積極探索政府購買公共服務等有效做法。加強資金監管，強化各級責任。省、市兩級政府主要負責資金和項目監管；縣級政府負責組織實施好扶貧專案；各級人大常委會要加強對資金審計結果的監督。建立縣以上扶貧資金信息披

露制度，完善縣以下扶貧資金項目公告公示制度；積極發揮審計、紀檢、監察機關作用，加大違紀違法行為懲處力度；引入社會力量，發揮社會監督作用；引導扶貧對象積極主動參與資金專案管理，使其成為維護自己權益、監督資金使用和專案建設的重要力量。

（五）完善金融服務機制

充分發揮政策性金融的導向作用，中長期優惠貸款要向貧困地區傾斜，重點支援貧困地區基礎設施建設和主導產業發展。引導和鼓勵商業性金融機構創新金融產品和服務，增加對貧困地區的信貸投放。在風險可控前提下，加快推進農村合作金融發展，增強農村信用社支農服務功能，支援發展村鎮銀行、小額貸款公司和貧困村資金互助組織。完善扶貧貼息貸款政策，增加財政貼息資金，設立風險補償基金，完善貸款風險分散分擔機制，引導金融部門將更多資金投向貧困地區。推廣小額信用貸款和聯保貸款，推進農村青年創業小額貸款和婦女小額擔保貸款工作。推動金融機構網點向貧困鄉鎮和貧困村延伸，改善農村支付環境，鼓勵和支持發展農業專業性融資擔保機構，為農村扶貧開發提供融資擔保服務。加大農業保險政策扶持力度，增加補貼品種，提高補貼比例，擴大覆蓋範圍。改善對農業產業化龍頭企業、家庭農場、農民合作社、農村殘疾人扶貧基地等經營組織的金融服務。加快推進農村土地承包經營權確權頒證，設立農村產權交易中心，探索土地信用託管平臺建設，建立健全承包地、宅基地、農民住房等農村資產要素的確權頒證、抵押登記、價值評估、流轉、處置、風險防控機制，支持在法律關係明確地方探索開展農村土地承包經營權、農

村住房財產權、林權等抵（質）押貸款業務。

（六）創新社會參與機制

建立和完善廣泛動員社會各方面力量參與脫貧攻堅制度。充分發揮定點扶貧在社會扶貧中的引領作用。支援各民主黨派、工商聯和無黨派人士參與扶貧開發工作，鼓勵引導各類企業、社會組織和個人以多種形式參與扶貧開發。支援部隊積極參與駐地扶貧開發，積極為部隊扶貧幫困、助學興教、醫療扶持、支援新農村建設等提供有利條件，實現軍地優勢互補。建立信息交流共用平臺，形成有效協調協作和監管機制。全面落實企業符合稅法條件的扶貧捐贈稅前扣除、各類市場主體到貧困地區投資興業等相關支持政策。各級扶貧部門要積極搭建平臺，宣導、組織社會各界有為之士、愛心人士參與扶貧事業。

（七）確立縣級黨委、政府主體責任機制和貧困縣考核機制

縣級黨委、政府是落實扶貧開發政策最重要的主體，要承擔起扶貧開發重要主體責任，加快經濟社會發展，提高發展品質，使發展成果更多惠及扶貧對象。加大本級政府財政扶貧投入，統籌市場資源、政府資源、社會資源，集中支持貧困村、貧困戶加快發展，使其儘快實現脫貧致富。抓好扶貧對象建檔立卡、精準扶貧工作。貧困地區、革命老區要把扶貧開發作為「三農」工作的重中之重，主要領導親自抓，重點抓，切實抓出成效。制定貧困縣考核評價辦法，由主要考核

地區生產總值向主要考核扶貧開發工作成效轉變，把提高貧困人口生活水準和減少貧困人口數量作為主要指標，引導貧困地區黨政領導班子和領導幹部把工作重點放在扶貧開發上。研究建立貧困縣、貧困村適時退出機制和激勵機制，鼓勵貧困縣、貧困村儘早脫貧。

　　全面建成小康社會是實現中華民族偉大復興中國夢的關鍵一步，擺脫貧困又是實現這一戰略目標的重中之重。習近平指出：「扶貧工作事關全域，全黨必須高度重視。做不好，不但貧困群眾不滿意，人們也會懷疑全面建成小康社會的真實性。」[1]「久困於窮，冀以小康。」如今，決戰貧困最後衝刺的新起點已經來到。2017 年金秋十月，中國共產黨第十九次全國代表大會勝利開幕，習近平用「決勝全面建成小康社會，開啟全面建設社會主義現代化國家新征程」，勾畫出了宏偉藍圖。十九大報告指出，要堅決打贏脫貧攻堅戰，確保到 2020 年我國現行標準下農村貧困人口實現脫貧，貧困縣全部摘帽，解決區域性整體貧困，做到脫真貧、真脫貧。這是我們黨對人民的莊嚴承諾。我們應當同心同德，砥礪奮進，在習近平新時代中國特色社會主義思想指引下，以抓鐵有痕、踏石留印的精神，舉十三億中國人民的磅 之力，脫貧攻堅這場歷史性決戰一定能如期勝利！

---

1 中共中央文獻研究室：《習近平關於全面建成小康社會論述摘編》，中央文獻出版社 2016 年版，第 5 頁。

後　記

　　全書由福建師範大學馬克思主義學院院長、博士生導師李方祥教授和碩士生導師陳暉濤副教授共同設計寫作框架，並且組織福建師範大學一批青年學術骨幹撰寫。李方祥教授負責全書的修改訂稿，陳暉濤副教授做了大量的協調、組織工作。寫作分工如下：陳暉濤（第一章、第二章）；方芳、詹明瑛、寇創（第三章）；蘇劍、陳秋華（第四章）；盧紅飆（第五章、第六章）。范迪、李倩、呂政龍、趙和平等為本書的寫作收集資料，付出了辛苦勞動。

　　本書的出版得到了人民日報出版社第一編輯中心曹騰主任和高亮編輯以及福建人民出版社社長助理湯伏祥先生的鼎力支持和幫助，沒有他們的辛勤付出就沒有本書的順利付梓，在此向他們致以由衷的敬意和感謝！

編　者

2017 年 10 月

新社會主義研究叢刊　AA201027

擺脫貧困與全面小康

主　　編　李方祥　陳暉濤
版權策劃　李換芹

發 行 人　林慶彰
總 經 理　梁錦興
總 編 輯　張晏瑞
編 輯 所　萬卷樓圖書（股）公司
排　　版　小漁
封面設計　小漁
印　　刷　百通科技（股）公司

出　　版　昌明文化有限公司
　　　　　桃園市龜山區中原街 32 號
電　　話　(02)23216565
發　　行　萬卷樓圖書（股）公司
　　　　　臺北市羅斯福路二段 41 號 6 樓之 3
電　　話　(02)23216565
傳　　真　(02)23218698
電　　郵　SERVICE@WANJUAN. COM. TW
大陸經銷
廈門外圖臺灣書店有限公司
電郵　JKB188@188.COM

ISBN 978-986-496-562-5（平裝）
2020 年 3 月初版一刷
定價：新臺幣 360 元

如何購買本書：
1. 劃撥購書，請透過以下帳號
　　帳號：15624015
　　戶名：萬卷樓圖書股份有限公司
2. 轉帳購書，請透過以下帳戶
　　合作金庫銀行古亭分行
　　戶名：萬卷樓圖書股份有限公司
　　帳號：0877717092596
3. 網路購書，請透過萬卷樓網站
　　網址 WWW.WANJUAN.COM.TW
　　大量購書，請直接聯繫，將有專人
　　為您服務。(02)23216565 分機 610

如有缺頁、破損或裝訂錯誤，請寄回
更換

國家圖書館出版品預行編目資料

擺脫貧困與全面小康 / 李方祥，陳暉
濤主編 .－－ 初版 .－－ 桃園市：昌明
文化出版；臺北市：萬卷樓發行，
2020. 03
面；　公分
ISBN 978-986-496-562-5 （平裝）
1. 貧窮　2. 中國大陸研究

548. 16　　　　　　　　　　109003284